DIESES JAHR FEIERN WIR VEGAN

Sladi Petkovic

DIESES JAHR FEIERN WIR VEGAN

FESTLICHE MENÜS

DUMONT

Einleitung

VOM ALLESESSER ZUM VEGANER

»Heute feiern wir vegan« – hätte man mir diesen Satz noch vor ein paar Jahren gesagt, ich hätte wahrscheinlich wenig damit anfangen können, war ich doch die traditionellen Feste meiner serbischen Familie gewohnt, für die schon mal ein Schwein aus dem eigenen Stall geschlachtet wurde. Während der Schulferien, die ich jedes Jahr in Serbien verbrachte, bekam ich ganz selbstverständlich den Lebenszyklus der Tiere auf der familieneigenen Farm mit. Ich kannte alle Ferkel, Küken und Rinder persönlich, bevor sie früher oder später auf unseren Tellern landeten. Wir tranken die Milch unserer Kühe, aßen selbst hergestellten Käse und unsere eigene Wurst. Ich hinterfragte nichts, im Gegenteil: Ich genoss vielmehr diese Art zu leben und vermisste, zurück in Deutschland, die riesige Auswahl an Obst, Gemüse und Lebensmitteln aus eigener Herstellung. Schon als Kind war ich interessiert an allem, was in der Küche passierte, und so lernte ich von meiner Oma, wie man selbst gezogene Gürkchen einmacht und Weißkohl mariniert, bevor ich meine Freunde zum Bolzen traf. Vermutlich wurde schon damals der Grundstein gelegt für meine Liebe zu gutem und vor allem selbst zubereitetem Essen. Ich bin meinen Eltern und Großeltern auch sehr dankbar für alles, was sie mir mitgegeben haben.

An einem Abend mit Mitte zwanzig kam ich allerdings an einen Punkt, der meine gesamte Weltsicht in puncto Ernährung zum Einstürzen bringen sollte. Mehr aus Zufall sah ich an jenem Tag eine Doku, in der gezeigt wurde, unter welch erbärmlichen Bedingungen Tiere leben müssen, damit wir immer reichlich Fleisch und Wurst auf dem Teller haben können. Ich sah, wie Kälber direkt nach der Geburt von ihren Müttern getrennt wurden, denn ihre Milch soll ja nicht zur Aufzucht der Jungtiere verwendet werden, sondern uns Menschen in Form von diversen Milchprodukten immer zur Verfügung stehen. Natürlich hatte ich das zuvor alles schon einmal gehört, aber irgendwie änderte sich ab diesem Tag etwas Grundlegendes. Ich blickte plötzlich anders auf das, was ich von Kindesbeinen an als selbstverständlich erfahren hatte. Und das, obwohl die Tiere auf unserem Hof sicher ein besseres Leben hatten als die in der Mehrzahl der konventionellen Betriebe. Hinzu kam, dass ich die Augen nicht mehr vor dem verschließen konnte, was unsere Art zu leben für unseren Planeten bedeutet. Die Herstellung ganz alltäglicher tierischer Produkte wie etwa Butter ist enorm energieintensiv – ganz zu schweigen von der Verpackung, dem Transport, der Kühlung und so weiter.

Fortan änderte ich also meinen Lebenswandel. Nach einem Jahr als Vegetarier, in dem ich mich peu à peu an eine Lebensweise ohne Fleisch und Fisch herangetastet hatte, war es für mich nur die logische Schlussfolgerung, letztendlich vollständig vegan zu leben. Ich wollte einfach nichts mehr konsumieren, wofür ein anderes Wesen leidet, misshandelt wird und letztendlich sein Leben geben muss.

ALLES FÜGT SICH ...

An diesem Punkt trafen die losen Fadenenden meines bisherigen Lebens schließlich zusammen: Nach einer Ausbildung zum Bäcker hatten mich meine beruflichen Interessen schon vor vielen Jahren als Quereinsteiger in die Gastronomie geführt. Alle Stationen, die ich durchlaufen, die Erfahrungen, die ich gesammelt hatte, waren wichtige Meilensteine gewesen. Parallel hatte ich in all den Jahren meine liebsten Rezepte in kleinen Notizheften niedergeschrieben und meine Kochfähigkeiten weiterentwickelt.

Während einer Reise nach Südafrika 2018 wurde sie dann endlich geboren: die Idee zu meinem eigenen Restaurant *oscar natural good food & bar.* Ein Ort, an dem man nicht nur schlemmen, sondern nebenbei auch noch etwas für die Umwelt und das Tierwohl tun kann. Die Frage, wie wir mit nachhaltigen Lebensmitteln unseren Planeten schützen und uns gleichzeitig gesund und genussvoll ernähren können, trieb mich um und stand nicht nur bei der Umsetzung des Restaurantkonzeptes, sondern auch bei meiner eigenen Ernährung schon immer im Vordergrund.

Ich war es gewohnt, zu wissen, wo meine Lebensmittel herkommen – sie wuchsen im Garten und auf den Feldern meiner Großeltern. Wir aßen und verarbeiteten immer das, was gerade Saison hatte. Bis heute weiß ich es zu schätzen, die Herkunft meiner verwendeten Produkte zu kennen, weshalb ich großen Wert auf regionale und vor allem saisonale Ware lege.

Für mich ist es mittlerweile aber auch ganz selbstverständlich geworden, bestimmte Produkte durch eine vegane Alternative zu »ersetzen«. Wobei ich nicht von »Ersatzprodukten« spreche, wenn ich für meine Gerichte Pflanzenmilch, vegane Kochsahne, Reibeschmelz, Sojaschnetzel oder Seitan verwende. Es ist für mich zum Standard geworden, mit diesen Lebensmitteln zu kochen und dabei den größtmöglichen Genuss zu erreichen – sowohl in meiner Küche zu Hause als auch im *oscar.* Es soll einfach lecker schmecken! Denn nur, wer auf nichts verzichten muss, kann eine neue Art der Ernährung dauerhaft in sein Leben integrieren. Mit meiner Art zu kochen möchte ich Kindheitserinnerungen wecken. Es ist eine wahre Freude, wenn ich meinen Gästen mit Klassikern wie Spaghetti Bolo, Gulasch oder Schokoladenkuchen ein Lächeln ins Gesicht zaubern kann und vielleicht sogar ein Gefühl von »Zuhause« aufkommt. Natürlich tische auch ich mal die Quinoa-Bowl mit Süßkartoffeln und Hummus auf oder Chiapudding mit Kokostopping. Echt am Herzen liegen mir aber die Gerichte, die wir alle von früher kennen und die meiner Meinung nach in eine längst fällige »Neuzeitversion« transformiert werden müssen. Eine, bei der der Genuss nicht zu kurz kommt, die aber ein klares Zeichen zum Wohle von Mensch und Tier setzt.

LASST UNS DIE FESTE FEIERN

Gerade in Zeiten wie diesen streben wir Menschen nach Verbindung, wir sehnen uns nach gemeinsamen Erlebnissen, die uns zusammenschweißen. Lange Gespräche an einer reich gefüllten Tafel schaffen Erinnerungen, die uns vielleicht auch durch Phasen tragen, die nicht ganz so einfach sind. Wir genießen es, uns chic zu machen, Kerzen anzuzünden, schöne Musik aufzulegen und unseren Lieben, aber auch uns selbst etwas Gutes zu tun.

Besonders wenn die Tage wieder kürzer werden, ziehen wir uns gerne in unsere eigenen vier Wänden zurück. Wir genießen es dann, die täglichen Mahlzeiten alleine, zu zweit, in der Familie oder unter Freunden mal wieder so richtig zu zelebrieren. Uns steht der Sinn nach Gerichten, die uns von innen wärmen und auch mal ein wenig mehr verlangen, als nur drei Zutaten in einen Topf zu werfen.

Kaum etwas zeigt unsere Liebe und Zuneigung gegenüber wichtigen Personen so gut wie ein selbst gekochtes Essen. Einige Gerichte brauchen nur minimale Anpassungen, und schon sind sie vegan – ein Mürbeteig muss etwa keine Eier enthalten, um mürb und knusprig zu werden –, andere sind es von Haus aus. Und wieder andere brauchen ein bisschen mehr »Tüftelei«, um eine echte Alternative zu sein: Mit ein bisschen Übung, Lust am Ausprobieren und den richtigen Produkten gelingen sogar Rouladen (siehe Seite 51) oder der festliche Braten (siehe Seite 43) in veganer Variante. Ich habe auch noch niemanden erlebt, der nach dem Genuss meiner Knoblauch-Fenchel-Würstchen mit Kartoffelsalat (siehe Seite 35) die Weihnachtstafel nicht vollauf zufrieden verließ.

Vor allem die kälteren Monate bieten die Gelegenheit, es sich zu Hause gemütlich zu machen und sich auf das Wesentliche zu besinnen. Und wenn wir dabei nicht nur unser leibliches Wohl im Auge behalten, sondern auch für die Werte einstehen, die uns allen eine lebenswerte Zukunft ermöglichen, können wir uns unbeschwert ganz dem Genuss hingeben.

MEINE TIPPS FÜR EINE GELUNGENE FESTTAFEL

1. AUSPROBIEREN

Es gibt die unterschiedlichsten veganen Produkte, und nicht jedes schmeckt jedem gleich gut oder hat gesunde oder gar unbedenkliche Inhaltsstoffe. Auch ich musste mich erst einfinden und viele Lebensmittel testen, bis ich die fand, die mir auch richtig gut schmecken. Im Rezeptteil ab Seite 10 habe ich ergänzt, welche ich am liebsten mag und auch verwende. Das ist natürlich kein Muss, aber mit diesen gelingen die Rezepte auf jeden Fall. Den Rest musst du einfach selbst herausfinden.

2. PLANEN

Wer vorher ein paar Gedanken in die Planung investiert, hat es am Tag des Festes nicht nur einfacher, die einzelnen Gänge harmonieren dann auch besser miteinander und anfallende Reste können optimalerweise weiterverwertet werden. Daraus kann am nächsten Morgen zum Beispiel ein unkompliziertes Left-over-Frühstück werden. Zur Erleichterung habe ich hinten im Buch einige Menüs zusammengestellt, die gut zusammenpassen und teilweise auch aufeinander aufbauen (siehe Seite 104).

3. TESTEN

Ich empfehle dir, einige der Gerichte auf jeden Fall mal probezukochen. So stellst du schnell fest, wo es etwas tricky werden kann und wo du noch etwas nachjustieren musst. Ein bisschen Mut und Vertrauen in die eigenen Kochkünste haben auch noch niemandem geschadet ...

UND VIELLEICHT DAS WICHTIGSTE:

4. BEIM EINKAUFEN NICHT STRESSEN LASSEN

Klar, wir wollen alle möglichst regional, biologisch und saisonal essen, das ist aber nicht immer möglich. Die Umstände und nicht zuletzt dein Budget spielen eine Schlüsselrolle bei der Umsetzung deines Festmahls. Wer auf dem Land lebt, kann schnell mal zum Bauern ums Eck fahren und im Hofladen einkaufen – in der Stadt ist man eher auf den Biomarkt angewiesen. Dort kosten die Lebensmittel jedoch häufig viel mehr als direkt beim Erzeuger. Im Supermarkt sind Bioprodukte zwar günstiger, jedoch meist auch unnötig in Plastik verpackt. Es ist also nicht immer einfach, die »richtige« Entscheidung zu treffen. Ich persönlich wähle meine Produkte immer mit gesundem Menschenverstand aus: Verwende ich das komplette Gemüse mit Schale, Stiel und allem Drum und Dran, entscheide ich mich für die Biovariante, kommt zum Beispiel nur das Fruchtfleisch zum Einsatz, darf es schon einmal ein Produkt aus konventionellem Anbau sein. Niemand ist perfekt, wichtig ist, mit welcher Einstellung wir die Dinge angehen ...

cremig & knackig

VORSPEISEN

Pastinaken-Birnen-Suppe

Wie schade ist es, wenn du, nur weil du deine Gäste richtig verwöhnen möchtest, nicht bei den Gesprächen am Tisch dabei bist, weil du in der Küche stehst. Damit genau das nicht passiert, muss möglichst viel vom Menü gut vorzubereiten sein. Suppen sind da meistens perfekt geeignet. Vor dem Servieren erneut erhitzen, nochmal kurz den Pürierstab hineinhalten, alles einmal aufschäumen und schon geht's weiter.

10 30

FÜR 6 PERSONEN

FÜR DIE SUPPE
2 Stangen Lauch
700 g Pastinaken
2 reife Birnen
2 EL Olivenöl
½ TL geriebene Muskatnuss
1 Messerspitze Cayennepfeffer
1 EL Ahornsirup oder Süßungsmittel nach Wahl
Salz
frisch gemahlener Pfeffer
1 l Gemüsebrühe
2 EL Cashewmus

ZUM SERVIEREN
1 Handvoll Petersilie, grob gehackt
Olivenöl

Den Lauch längs halbieren und zusammen mit den Pastinaken waschen. Beides in grobe Stücke schneiden. Die Birnen ebenfalls waschen, vierteln, entkernen und grob würfeln. Das Olivenöl in einem Topf auf niedriger Stufe erhitzen und den Lauch darin 3 Minuten anschwitzen. Pastinaken und Birnen dazugeben und alles 8 Minuten garen, dabei ab und zu umrühren.

Muskatnuss, Cayennepfeffer und Ahornsirup hinzugeben und das Gemüse mit etwas Salz und Pfeffer würzen. Dann Gemüsebrühe, 750 ml Wasser und Cashewmus hinzugeben und alles bei starker Hitze zum Kochen bringen. Die Hitze auf mittlere Stufe reduzieren und das Ganze 25 Minuten – oder bis die Pastinaken weich sind – köcheln lassen.

Den Topf vom Herd nehmen und den Inhalt mit einem Pürierstab mixen, bis die gewünschte Konsistenz erreicht ist. Die fertige Suppe in kleine Schalen füllen, mit Petersilie bestreuen und mit Olivenöl beträufelt servieren.

Auberginen-Fenchel-Aufstrich

Dieser Aufstrich ist ein echtes Multitalent. Da er warm super schmeckt, serviere ich ihn als Auftakt meiner Menüs direkt vom Herd. Aber auch am nächsten Tag ist er kalt mit anderen »Überbleibseln« wie dem Omelett von Seite 96 oder den Süßkartoffel-Wedges von Seite 31 in ein Fladenbrot gehäuft richtig lecker und wird als sättigendes Mittagessen ganz bestimmt nicht nur dich glücklich machen.

{ Du kannst diesen Aufstrich auch statt Ajvar auf die Leftover-Stulle von Seite 100 streichen.

40 30

FÜR 6 PERSONEN

FÜR DEN AUFSTRICH
2 Auberginen
2 EL Olivenöl
Salz
frisch gemahlener Pfeffer
1 rote Zwiebel
1 Knoblauchzehe
½ Fenchelknolle
2 Stängel Thymian
1 TL Paprikapulver edelsüß
1 Dose stückige Tomaten (400 g)

ZUM SERVIEREN
Krustenbrot
1 Handvoll Rucola

Den Backofen auf 180 °C Ober-/Unterhitze vorheizen. Die Auberginen waschen, längs halbieren und das Fruchtfleisch mehrmals gitterförmig einschneiden, ohne dabei die Schale zu verletzen. Dann die Schnittflächen mit 1 EL Olivenöl, Salz und Pfeffer einreiben. Die Auberginen mit der Schnittseite nach unten auf ein mit Backpapier ausgelegtes Blech legen und 40 Minuten in den Backofen schieben.

In der Zwischenzeit Zwiebel und Knoblauch schälen, den Fenchel waschen und alles fein hacken. Die Blättchen vom Thymian abzupfen.

Das restliche Olivenöl in einer Pfanne auf niedriger Stufe erhitzen. Zwiebel und Knoblauch darin 5 Minuten anschwitzen, dann den Fenchel hinzugeben und 5 Minuten mitgaren. Zum Schluss Thymianblätter, Paprika, Salz und Pfeffer unterrühren.

Die Auberginen aus dem Ofen nehmen, das Fruchtfleisch vorsichtig mithilfe eines Löffels aus den Schalen kratzen und zusammen mit den stückigen Tomaten in die Pfanne zum Zwiebel-Fenchel-Gemüse geben. Das Ganze bei schwacher Hitze unter gelegentlichem Rühren weitere 25 Minuten köcheln lassen.

Den Aufstrich auf leckerem Krustenbrot und mit Rucola bestreut servieren.

Gegrillter Romanasalat mit Tapenade

{ Natürlich kann man für dieses Rezept auch eine normale Pfanne verwenden, aber die gerillte Grillpfanne macht nicht nur hübsche Streifen, sondern der Salat bleibt dazwischen auch weitgehend unberührt und wird so durch die Hitze nicht matschig.

5 5

FÜR 6 PERSONEN

FÜR DIE TAPENADE

3 Knoblauchzehen
500 g Kalamata-Oliven, entsteint
Abrieb von 3 unbehandelten Zitronen
9 EL Olivenöl
6 EL Kapern
3 TL Apfelessig
1½ TL getrockneter Oregano
1½ TL getrockneter Thymian
Salz
frisch gemahlener Pfeffer

FÜR DEN SALAT

6 Romanasalatherzen
3 EL Olivenöl
2 Handvoll Petersilie, grob gehackt
Kerne von 2 Granatäpfeln
Salz
frisch gemahlener Pfeffer

Wer eine etwas außergewöhnlichere Salat-Vorspeise servieren möchte, punktet auf jeden Fall mit diesen gegrillten Romanasalatherzen. Sie sind auch in der kälteren Jahreszeit gut erhältlich und bekommen durch die Tapenade aus Oliven eine sehr aromatische Unterstützung. Die leuchtend roten Granatapfelkerne steuern knackige Frische bei und machen diesen Starter zu einer echten Augenweide.

Den Knoblauch schälen, dann alle Zutaten für die Tapenade in einer Küchenmaschine oder mit einem Pürierstab gründlich zu einer geschmeidigen Paste mixen.

Die Salatherzen längs halbieren (wichtig: den Strunk dranlassen), waschen und trocken tupfen. In einer Grillpfanne bei mittlerer Hitze im heißen Olivenöl von beiden Seiten jeweils 1 Minute anbraten.

Die Salathälften auf Tellern anrichten. Petersilie, Granatapfelkerne, Salz und frisch gemahlenen Pfeffer darüberstreuen. Die Tapenade – je nach Lust und Laune – auf einem separaten Teller oder direkt auf den Salatherzen servieren.

Süßkartoffel-Kokos-Suppe

10 30

FÜR 6 PERSONEN

FÜR DIE SUPPE
1 rote Zwiebel
4 Knoblauchzehen
600 g Süßkartoffeln
500 g Möhren
2 EL Olivenöl
½ EL Salz
1 TL Pfeffer
½ EL Vegeta
1 EL Erdnussbutter
500 ml Kokosmilch
Saft und Abrieb von 1 unbehandelten Limette

ZUM SERVIEREN
3 TL Kokos- oder Chiliflocken

Graues Wetter, sinkende Temperaturen, war nicht gerade noch Sommer? Ein bisschen von der lichtdurchfluteten Zeit kannst du dir mit dieser südamerikanisch-asiatischen Vereinigung von Kokos, Erdnuss und Süßkartoffel zurückholen und an den langen, dunklen Abenden in Sommererinnerungen schwelgen.

Die Zwiebel und den Knoblauch schälen und grob hacken. Die Süßkartoffeln schälen, die Möhren waschen und beides in grobe Stücke schneiden. Das Olivenöl in einem großen Topf auf mittlerer Stufe erhitzen und Zwiebel und Knoblauch 5 Minuten anschwitzen. Süßkartoffeln und Möhren hinzugeben und 5 Minuten mitbraten. Mit Salz, Pfeffer und Vegeta würzen. Die Erdnussbutter hinzugeben, gut verrühren, mit 1 l Wasser ablöschen und 25 Minuten köcheln lassen.

Anschließend Kokosmilch, Limettensaft und -abrieb hinzugeben und die Suppe mit einem Pürierstab fein mixen. Weitere 5 Minuten bei schwacher Hitze köcheln lassen. Vor dem Servieren – je nach Geschmack – als Topping Kokos- oder Chiliflocken darüberstreuen.

Käse-Lauch-Suppe

10 30

FÜR 6 PERSONEN

FÜR DIE SUPPE
1 rote Zwiebel
2 Knoblauchzehen
2 Stangen Lauch
500 g festkochende Kartoffeln
2 EL Olivenöl
1 l Gemüsebrühe
300 g Reibeschmelz
200 g veganer Frischkäse
Salz
frisch gemahlener Pfeffer

ZUM SERVIEREN
Grün von 1 Lauchstange, in Streifen geschnitten
Olivenöl
1 Krustenbrot (optional)

Der berühmte Klassiker in einer veganen Variante – wärmt ebenso gut, ist mindestens so cremig geschmackvoll und genauso schnell gemacht.

Die Zwiebel und den Knoblauch schälen und fein hacken. Den Lauch längs halbieren, waschen und in 2 cm lange Stücke schneiden. Die Kartoffeln schälen und in mundgerechte Stücke schneiden.

Das Öl in einem großen Topf auf mittlerer Stufe erhitzen und Zwiebel und Knoblauch darin 5 Minuten anschwitzen. Den Lauch hinzugeben und 3 Minuten mitbraten. Kartoffeln dazugeben, mit Gemüsebrühe ablöschen, dann 20 Minuten köcheln lassen. Anschließend den Reibeschmelz und Frischkäse unterrühren, mit Salz und Pfeffer abschmecken und die Suppe ca. 5 Minuten weiterköcheln lassen.

Die Suppe in kleinen Schalen anrichten und mit Lauchstreifen bestreut und Olivenöl beträufelt servieren. Schmeckt prima mit Krustenbrot.

Champignons wie auf dem Weihnachtsmarkt

5 10

FÜR 4–6 PERSONEN

FÜR DIE CHAMPIGNONS
200 g braune Champignons
1 Gemüsezwiebel
2 Knoblauchzehen
2 EL Olivenöl
2 TL Kräuter der Provence
1 Handvoll Schnittlauch, gehackt
1 TL Paprikapulver edelsüß
Salz
frisch gemahlener Pfeffer

FÜR DIE SOSSE
150 g veganer Frischkäse
150 g Sojajoghurt ohne Zucker
Saft von ½ Zitrone
Salz
frisch gemahlener Pfeffer

ZUM SERVIEREN
1 Handvoll Schnittlauch, in Röllchen geschnitten
1 Baguette oder Krustenbrot

Mit das Schönste an der kalten Jahreszeit? Ein Bummel über den Weihnachtsmarkt. Nicht so ein knackevoller, sondern ein kleiner, gemütlicher, auf dem man eingemummelt an den Buden Punsch schlürft und sich ein paar Leckereien gönnt. Dazu gehören für mich auf jeden Fall diese herzhaften Pilze, die man ganz einfach zu Hause machen kann. Durch ihre aromatische Hülle aus Gewürzen und den frischen Joghurt-Dip sind sie alles andere als fad – wer mag, stellt die Pfanne mit den Champignons auf den Tisch, sodass alle daraus schlemmen können.

Die Champignons putzen, große Exemplare halbieren oder vierteln. Die Zwiebel und den Knoblauch schälen und fein hacken. Das Olivenöl in einer Pfanne auf mittlerer Stufe erhitzen und die Pilze darin etwa 2 Minuten brutzeln. Zwiebel, Knoblauch, Kräuter und Gewürze dazugeben und alles 5 Minuten kräftig anbraten.

In der Zwischenzeit die Soße herstellen. Dafür alle Zutaten in einer Schüssel vermischen und anschließend zu den Pilzen in die Pfanne geben. Die Hitze reduzieren und das Ganze weitere 5 Minuten köcheln lassen.

Die Pilze mit Schnittlauch bestreuen und warm mit Baguette oder Krustenbrot servieren, am besten direkt aus der Pfanne.

Herzerwärmende Wintersuppe

{ Das dickflüssige Wasser von Kichererbsen nennt sich Aquafaba. Wenn man es für mehrere Minuten aufschlägt, entsteht ein weißer, cremiger Schaum, der anstelle von Eischnee perfekt in Kuchenteigen oder Desserts verwendet werden kann.

Stell dir vor, draußen stürmt und schneit es, du kommst bis auf die Knochen durchgefroren nach Hause, und dort wartet eine Schale voll flüssigen Glücks auf dich. In diesem Fall schmeckt es nach Tomaten, Kichererbsen und roten Linsen, die dieser würzigen Suppe einen besonders samtigen Geschmack verleihen. Auch als Starter in einem Menü macht sie Appetit auf mehr.

10 70

FÜR 6 PERSONEN

FÜR DIE SUPPE
1 Gemüsezwiebel
2 Knoblauchzehen
1 Stange Sellerie
1 Möhre
3 EL Olivenöl
1 TL Salz
½ TL Pfeffer
½ TL getrockneter Thymian
1 Dose Kichererbsen (400 g)
100 g rote Linsen
1 Dose stückige Tomaten (400 g)
1 l Gemüsebrühe

ZUM SERVIEREN
1 Handvoll Thymianstängel

Die Zwiebel und den Knoblauch schälen und fein hacken. Den Sellerie und die Möhre putzen und in etwa 1 cm kleine Würfel schneiden. Das Olivenöl in einem großen Topf auf mittlerer Stufe erhitzen und Zwiebel und Knoblauch darin 5 Minuten anschwitzen. Anschließend Sellerie und Möhre hinzugeben, mit Salz, Pfeffer und Thymian würzen und alles weitere 5 Minuten anbraten.

In der Zwischenzeit die Kichererbsen abtropfen lassen, mit kaltem Wasser abspülen und mit den Linsen in den Topf geben. Gut umrühren, dann mit den stückigen Tomaten und der Gemüsebrühe ablöschen. Die Suppe einmal aufkochen, anschließend die Hitze auf mittlere Stufe reduzieren und alles 1 Stunde köcheln lassen. Mit Thymian bestreut servieren.

opulent & deftig

HAUPTSPEISEN

Gefüllter Butternut-Kürbis mit Granatapfel-Joghurt

20 90

FÜR 6 PERSONEN

FÜR DIE KÜRBISSE
3 große Butternut-Kürbisse
optional: 3 EL Olivenöl, 1–2 TL Paprikapulver, 1 TL Kreuzkümmel, Salz, frisch gemahlener Pfeffer (siehe Tipp Seite 30)

FÜR DIE FÜLLUNG
150 g Sojagranulat
1 rote Zwiebel
4 Knoblauchzehen
2 EL Olivenöl
2 EL Tomatenmark
400 ml Passata
1½ EL Paprikapulver edelsüß
1½ TL Zimt
1½ getrockneter Thymian
1½ geräuchertes Paprikapulver
75 g Quinoa
3 Handvoll Babyspinat
Salz
frisch gemahlener Pfeffer

Mit dem milden, nussig-buttrigen Geschmack vom Butternut-Kürbis und dem minzig-frischen Joghurttopping ist dies ein tolles, raffiniertes Hauptgericht. Es überzeugt nicht nur geschmacklich, mit seiner Farbigkeit ist es auch ein Fest fürs Auge: dunkelgelbes Kürbisfleisch, strahlend rote Granatapfelkerne und grüne Minzsprenkel auf weißem Joghurt, herrlich!

Den Backofen auf 180 °C Ober-/Unterhitze vorheizen. Die Kürbisse waschen, längs halbieren. Die Kerne mit einem Löffel entfernen und das Fruchtfleisch mit einem Messer mehrmals gitterförmig einschneiden, ohne dabei die Schale zu verletzen. Die Schnittflächen der Kürbisse optional mit Olivenöl, Paprikapulver, Kreuzkümmel, Salz und Pfeffer einreiben. Mit der Schnittseite nach oben auf ein Backblech legen und 1 Stunde im Ofen garen.

In der Zwischenzeit für die Füllung das Sojagranulat in eine Schüssel geben, mit kochendem Wasser bedecken und 10 Minuten quellen lassen. Anschließend in ein Sieb abgießen und mit einem Kochlöffel möglichst viel Wasser ausdrücken. Die Zwiebel und den Knoblauch schälen, fein hacken und in einer Pfanne im heißen Olivenöl bei mittlerer Hitze 3 Minuten anschwitzen. Das Sojagranulat, das Tomatenmark, die Passata und die Gewürze hinzugeben und 10 Minuten köcheln lassen. Zwischendurch umrühren. In der Zwischenzeit die Quinoa nach Packungsangabe kochen, Babyspinat waschen und trocken tupfen. Beides in die Pfanne geben. →

FÜR DEN GRANATAPFEL-JOGHURT

3 EL Pinienkerne
Kerne von 1 Granatapfel
3 Stängel Minze, fein gehackt
300 g Sojajoghurt
Abrieb von 1 unbehandelten Zitrone
Saft von ½ Zitrone
Salz
frisch gemahlener Pfeffer

ZUM SERVIEREN

1½ Handvoll Petersilie, grob gehackt

→ Die Kürbisse aus dem Ofen nehmen, mit einem Löffel etwas vom Fruchtfleisch herausschaben, ebenfalls in die Pfanne geben und untermischen. Die Quinoa-Füllung mit Salz und Pfeffer würzen und in die Kürbishälften füllen.

Für den Joghurt die Pinienkerne in einer Pfanne ohne Fett kurz anrösten. Die Granatapfelkerne in eine Schüssel geben und mit dem Rücken eines Löffels zerdrücken. Die weiteren Zutaten zugeben und verrühren, zum Schluss die Pinienkerne zugeben. Den Joghurt über die Füllung träufeln und die Kürbishälften mit Petersilie bestreut servieren.

{ Wenn du aus einem Teil des Fruchtfleischs Cinnamon Rolls machen möchtest (siehe Rezept Seite 64), solltest du den Kürbis nicht mit Olivenöl, Paprikapulver, Kreuzkümmel, Salz und Pfeffer würzen. Ausreichend Geschmack hast du trotzdem – und zwar durch die würzige Füllung.

BBQ Brisket mit Süßkartoffeln und Rotkohl

Mein Weihnachtsessen im American Christmas Style ist das sogenannte BBQ Brisket. Ich liebe dieses rustikale Gericht, das mit der süßlich-rauchigen Barbecuesoße eine echte Umami-Bombe bildet. Klassische Zutat in der Soße ist Cola, deren Zuckergehalt für schöne karamellig-klebrige Noten sorgt. Eine Geschmacksexplosion.

30 120

FÜR 6 PERSONEN

FÜR DAS BRISKET
1 rote Zwiebel
3 Knoblauchzehen
2 EL Olivenöl
300 ml Gemüsebrühe
150 g gekochte Kichererbsen (oder aus der Dose)
4 EL Ajvar
2 EL geräuchertes Paprikapulver
2 EL Chiliflocken
2 EL Sonnenblumenöl
1 EL Sojasoße
1 EL Miso-Paste
Salz
frisch gemahlener Pfeffer
300 g Seitanpulver
30 g Kichererbsenmehl

Den Backofen auf 170 °C Ober-/Unterhitze vorheizen. Für das Brisket die Zwiebel und den Knoblauch schälen, grob hacken und in einer Pfanne im Olivenöl bei mittlerer Hitze 5 Minuten anschwitzen. Dann mit den restlichen Zutaten, bis auf das Seitanpulver und das Kichererbsenmehl, in einem Mixer zerkleinern. Seitanpulver und Kichererbsenmehl in einer großen Schüssel vermengen, die feuchte Mischung hinzugeben und den Teig 10 Minuten kneten. Anschließend 10 Minuten ruhen lassen.

In der Zwischenzeit alle Zutaten für die BBQ-Soße in einer Schüssel mit dem Schneebesen verrühren. Fertig ist die süß-würzige, rauchige Soße!

Den Teig zu einem etwa 2 cm hohen Rechteck formen und in eine Auflaufform legen. Drei Viertel der Soße über das Brisket geben und dieses 2 Stunden im heißen Ofen backen. Nach 1 Stunde vorsichtig wenden und ein paar Löffel der Soße aus der Form darüberträufeln. Die Soße bekommt eine immer zähere Konsistenz, am Ende ist kaum noch etwas übrig. →

FÜR DIE BBQ-SOSSE

500 ml Tomaten-Ketchup
250 ml Cola
3 EL mittelscharfer Senf
3 EL Balsamico-Essig
2 EL Kokosblütenzucker
1 EL Rauchsalz

FÜR DIE BEILAGEN

800 g Süßkartoffeln
2 EL Olivenöl
1 TL Paprikapulver edelsüß
Salz
frisch gemahlener Pfeffer
1 Rotkohl (ca. 1 kg)
2 Äpfel
2 EL Pflanzenmargarine
1 EL Kokosblütenzucker
80 ml Balsamico-Essig
Saft von 1 Orange

→ Die Süßkartoffeln waschen und in Wedges schneiden. Mit Olivenöl beträufeln, mit Paprikapulver, Salz und Pfeffer würzen und auf einem Blech verteilen. 45 Minuten im heißen Ofen garen.

Während Brisket und Süßkartoffeln garen, den Rotkohl längs halbieren und waschen, dabei den Strunk entfernen. In feine Streifen schneiden. Die Äpfel waschen und mit Schale grob reiben. Die Margarine in einer großen Pfanne bei mittlerer Hitze zerlassen. Rotkohl und Äpfel hinzugeben, salzen und pfeffern und unter gelegentlichem Rühren 5 Minuten anbraten. Kokosblütenzucker und Essig hinzugeben, mit Orangensaft ablöschen und alles zugedeckt bei schwacher Hitze 30 Minuten schmoren.

Zum Schluss eine große Pfanne erhitzen. Das Brisket von beiden Seiten mit der restlichen BBQ-Soße bestreichen und in der Pfanne anbraten, bis eine schöne Kruste entsteht. Aber Achtung: Es ist ein schmaler Grat zwischen leckerer Kruste und verbrannt!

Zum Anrichten das Brisket in Scheiben schneiden und mit den Süßkartoffel-Wedges und dem Rotkohl servieren.

{ Sollte die Pfanne nicht groß genug sein, kann das Brisket in zwei Hälften geschnitten und portionsweise angebraten werden.

Knoblauch-Fenchel-Würstchen mit Kartoffelsalat

35 120

FÜR 6 PERSONEN

FÜR 10–12 WÜRSTCHEN
1 rote Zwiebel
1 kleine Fenchelknolle
15 Knoblauchzehen
3 EL pflanzliches Öl, plus mehr zum Anbraten der Würstchen
2 EL Tomatenmark
1 EL Senf
2 EL Sojasoße
2 TL Paprikapulver edelsüß
1 TL Chiliflocken
1 TL getrockneter Thymian
Salz
frisch gemahlener Pfeffer
300 g Seitanpulver
30 g Kichererbsenmehl
250 ml Gemüsebrühe

FÜR DEN KARTOFFELSALAT
1 kg festkochende Kartoffeln
Salz
je 1 Handvoll Dill, Schnittlauch und Petersilie
½ Bund Frühlingszwiebeln
100 g Radieschen
200 g Gewürzgurken
frisch gemahlener Pfeffer

Fenchel ist reich an wichtigen Mineralstoffen und voller ätherischer Öle, die auch für den typischen Fenchelgeschmack verantwortlich sind. Perfekt, um eine schöne Würze in die veganen Würstchen zu bringen. So lecker, wie sie sind, lohnt es sich, direkt eine größere Menge zuzubereiten. Die Würstchen lassen sich nämlich auch super einfrieren! Einfach abkühlen lassen, Papier und Folie entfernen und in einer Dose in das Gefrierfach stellen. Wenn du sie brauchst, ein paar Stunden bei Raumtemperatur auftauen lassen, dann anbraten.

Die Zwiebel schälen und vierteln. Den Fenchel waschen und halbieren, dabei den Strunk entfernen, dann in feine Streifen schneiden. Den Knoblauch schälen und grob hacken. Das Öl in einer Pfanne auf mittlerer Stufe erhitzen, Zwiebel, Knoblauch und Fenchel 5 Minuten anschwitzen. Tomatenmark, Senf, Sojasoße, Gewürze, Thymian, Salz und Pfeffer hinzugeben und alles weitere 5 Minuten garen. In der Zwischenzeit Seitanpulver und Kichererbsenmehl vermengen. Gemüsebrühe zur Fenchelmischung geben und alles in einem Mixer oder mit dem Pürierstab zu einer Soße glatt pürieren. Diese zur Seitan-Mehl-Mischung geben und den Teig 5 Minuten kneten. 10 Minuten ruhen lassen.

Ca. 100 g schwere Stücke vom Teig abwiegen und zu Würstchen formen. Diese in je ein Stück Backpapier wickeln. Die Enden des Papiers verdrehen wie bei einem Bonbon. Dann mit derselben Methode in Alufolie wickeln. Die Enden umklappen und die Würstchen 2 Stunden in einem Dampfgarer geben. Abkühlen lassen, auspacken und am besten über Nacht im Kühlschrank durchziehen lassen. ➞

FÜR DIE VINAIGRETTE

100 ml Olivenöl
50 ml Apfelessig
50 ml Gewürzgurkenwasser
1 EL Senf

→ Für den Kartoffelsalat die Kartoffeln mit Schale in einem großen Topf in Salzwasser in ca. 20 Minuten garen. In der Zwischenzeit die Kräuter fein hacken. Die Frühlingszwiebeln und die Radieschen waschen. Die Frühlingszwiebeln in feine Ringe, die Gewürzgurken in feine Würfel und die Radieschen in dünne Scheiben schneiden. Die Kartoffeln abgießen, ausdampfen lassen, in ca. 2 cm dicke Scheiben schneiden und in eine große Schüssel füllen. Frühlingszwiebeln, Gewürzgurken, Radieschen und Kräuter dazugeben.

Für die Vinaigrette alle Zutaten verrühren, über die Kartoffeln geben, alles gut vermengen und den Salat 1 Stunde im Kühlschrank ziehen lassen.

Zum Schluss die Würstchen in einer Pfanne im heißen Öl rundherum anbraten. Mit dem Kartoffelsalat servieren.

{ Hier eine Alternative für alle, die keinen Dampfgarer haben: Den Boden eines großen Topfs ca. 1 cm hoch mit Wasser bedecken und ein Sieb in den Topf hängen. Das Wasser zum Sieden bringen, die Würstchen in das Sieb geben und den Topf verschließen. Auf diese Weise die Würstchen 2 Stunden garen.

Süßkartoffel-Gnocchi mit Kürbispesto

Diese weichen, orangefarbenen Bällchen sind das Wohlfühlessen schlechthin. Sie waren auch der Star auf der Winterkarte des *oscar*, denn sie haben wirklich alle Gäste glücklich gemacht. Die Hefeflocken verleihen ihnen diesen ganz besonders herzhaften Geschmack, und das nussig-herbe Kürbispesto bildet einen tollen Kontrast zu den Süßkartoffeln.

{ Bewahre etwas vom Gnocchi-Kochwasser auf und rühre es unter das Pesto, falls du es etwas »soßiger« haben möchtest.

45 10

FÜR 6 PERSONEN

FÜR DAS PESTO
450 g Hokkaido-Kürbis
4 Knoblauchzehen
40 g Walnusskerne
9 Salbeiblätter
5 EL Olivenöl
3 EL Hefeflocken
Salz
frisch gemahlener Pfeffer

FÜR DIE GNOCCHI
Salz
500 g Süßkartoffeln
200 g Kartoffelstärke
180 g Kichererbsenmehl
2 EL Hefeflocken
1 EL Olivenöl

ZUM SERVIEREN
300 g veganer Feta-Käse (optional)

Den Backofen auf 180 °C Ober-/Unterhitze (160 °C Umluft) vorheizen. Für das Pesto den Kürbis waschen, längs halbieren, von Kernen befreien und würfeln. Den Knoblauch schälen. Beides mit den restlichen Zutaten in einer Backform vermengen und 30 Minuten im heißen Ofen garen.

In der Zwischenzeit einen großen Topf mit Wasser aufsetzen und 1 EL Salz hineingeben. Die Süßkartoffeln schälen, in grobe Stücke schneiden und in ca. 20 Minuten gar kochen. Abgießen und in einer Schüssel zu Mus stampfen. Das Mus etwas abkühlen lassen und die restlichen Zutaten gründlich unterkneten. Den Teig zugedeckt 10 Minuten ruhen lassen.

In der Zwischenzeit die Kürbismischung aus dem Ofen nehmen und in einem Mixer oder mit dem Pürierstab zu einem sämigen Pesto pürieren.

Aus dem Kartoffelteig kleine, ca. 10 g schwere Kügelchen formen und diese über einen Gabelrücken rollen. Das ergibt die typischen Gnocchi-Rillen, in die sich das Pesto setzen kann. Erneut einen Topf Salzwasser aufsetzen. Die Gnocchi nun vorsichtig ins siedende Wasser geben. Nach 1–2 Minuten leicht umrühren, falls sie am Boden festkleben. Sobald die Gnocchi an der Wasseroberfläche schwimmen, mit einem Schaumlöffel herausheben, mit dem warmen Pesto vermischen und direkt servieren. Optional mit Feta bestreuen.

Crunchy Christmas Burger

{ Am besten passen hierzu die Süßkartoffel-Wedges von Seite 31.

Vegane Burger sind definitiv gesellschaftsfähig geworden. Es gibt Patties aus Erbsenproteinen, aus Bohnen, aus Linsen und natürlich aus Tofu. Für meine Variante klemmen wir frittierte Austernpilze zusammen mit selbst gemachtem Coleslaw und Burgersoße in Laugenbrötchen. Eine ziemlich edle Version des ursprünglichen Fast-Foods.

40 5

FÜR 6 PERSONEN

FÜR DEN COLESLAW
150 g Weißkohl
100 g Rotkohl
1 Möhre
50 g vegane Mayonnaise
50 ml Saft von 1 Zitrone
Salz
frisch gemahlener Pfeffer

FÜR DIE BURGERSOSSE
2 EL vegane Mayonnaise
2 EL Tomaten-Ketchup
1 EL Senf
20 ml Saft von ½ Zitrone
Salz
frisch gemahlener Pfeffer

Für den Coleslaw Weißkohl und Rotkohl grob reiben. Möhre putzen und ebenfalls in die Schüssel reiben. Mayonnaise, Zitronensaft, Salz und Pfeffer hinzugeben, alles gut verrühren und zugedeckt 30 Minuten im Kühlschrank ziehen lassen.

In der Zwischenzeit die Zutaten für die Burgersoße verrühren und ebenfalls zugedeckt in den Kühlschrank stellen.

Für die Austernpilze drei Auflaufformen (oder Backbleche) vorbereiten. In der ersten Form Sojamilch, Weizenmehl, 1 EL Vegeta, 1 EL Paprikapulver, 1 TL Knoblauchpulver, Salz und Pfeffer vermischen. In die zweite Form Paniermehl füllen und ebenfalls mit 1 EL Vegeta, 1 EL Paprikapulver, 1 TL Knoblauchpulver, Salz und Pfeffer vermischen.

Die Austernpilze putzen und in der ersten Form wenden, sodass sie gleichmäßig von der Milch-Mehl-Masse umhüllt sind. Anschließend ins Paniermehl legen, sodass das Paniermehl gleichmäßig an den Pilzen haften bleibt. Schließlich in die dritte – leere – Form umheben und 5 Minuten ruhen lassen. →

FÜR DIE PILZE

400 ml Sojamilch
200 g Weizenmehl
2 EL Vegeta
2 EL Paprikapulver edelsüß
2 TL Knoblauchpulver
Salz
frisch gemahlener Pfeffer
400 g Paniermehl
300 g Austernpilze

FÜR DIE BURGER

1 l pflanzliches Öl zum Frittieren
1 große Tomate
6 Laugenbrötchen
6 EL Wildpreiselbeeren
6 große Salatblätter

AUSSERDEM

6 Holzspieße (optional)

→ In einem großen Topf das Öl auf ca. 170 °C erhitzen. Die Pilze vorsichtig hineingeben und goldbraun ausbacken. Mit einer Grillzange oder Schaumkelle auf einen mit Küchenpapier ausgelegten Teller geben, sodass das überschüssige Öl abtropfen kann.

Nun kann angerichtet werden: Tomate in sechs Scheiben schneiden. Laugenbrötchen aufschneiden und jeweils beide Hälften mit Burgersoße bestreichen. Auf die obere Hälfte je 1 EL Preiselbeeren und je 2 EL Coleslaw geben. Auf die untere Hälfte Salatblatt, Tomatenscheibe und je zwei bis drei frittierte Pilze legen. Zusammenklappen, nach Belieben mit einem Spieß fixieren und genießen!

Weihnachtsbraten mit Rosenkohl & Kartoffeln

45 240

FÜR 6 PERSONEN

FÜR DEN BRATEN
1 rote Zwiebel
4 Knoblauchzehen
1 EL Olivenöl
250 ml Rote-Bete-Saft
3 EL Miso-Paste
3 EL Sojasoße
2 EL Sonnenblumenöl
2 TL geräuchertes Paprikapulver
1 TL getrockneter Oregano
1 TL Rauchsalz
½ TL geriebene Muskatnuss
Salz
frisch gemahlener Pfeffer
300 g Seitanpulver
30 g Kichererbsenmehl
Sonnenblumenöl zum Anbraten

FÜR DIE BRÜHE
1 rote Zwiebel
1 EL Olivenöl
3 Knoblauchzehen
500 ml Gemüsebrühe
125 ml Rotwein
3 Zweige Rosmarin
2 Stängel Thymian
2 Lorbeerblätter
3 EL Sojasoße

Kaum etwas verbinden wir mehr mit Weihnachten als einen Tisch, an dem all unsere Herzensmenschen zusammenkommen, mit denen wir gemeinsam lachen, schlemmen und vielleicht auch mal laut diskutieren … Wir wissen dabei aber immer, wie viel wir uns bedeuten. Der Klassiker auf dieser Weihnachtstafel ist ein duftender Braten, selbstverständlich mit reichlich Soße und köstlichen Beilagen serviert. Bereitest du meinen Weihnachtsbraten zu, wird das Aroma des Rotweinsuds, in dem er köchelt, die ganze Wohnung erfüllen und deine Gäste unweigerlich in Weihnachtsstimmung versetzen.

Für den Braten die Zwiebel und den Knoblauch schälen, grob hacken und in einer Pfanne bei mittlerer Hitze in Olivenöl 5 Minuten anschwitzen. Mit 125 ml Wasser und den restlichen Zutaten, bis auf Seitanpulver, Kichererbsenmehl und Sonnenblumenöl, in einem Mixer zerkleinern. Seitanpulver und Kichererbsenmehl in einer großen Schüssel vermengen, die feuchte Masse hinzugeben und alles 10 Minuten kneten. Den Teig 10 Minuten ruhen lassen. Anschließend zu einem Laib formen und in ein Käsetuch wickeln. Die Enden des Tuchs wie bei einem Bonbon eindrehen, sodass Spannung entsteht. Die Enden am besten mit der Hilfe einer lieben Person mit Küchengarn fest zuknoten.

Für die Brühe die Zwiebel schälen, vierteln und in einem sehr großen Topf bei mittlerer Hitze 5 Minuten in Olivenöl anschwitzen. Die Knoblauchzehen mit dem Handballen anpressen und samt Schale hinzugeben. Die restlichen Zutaten hinzufügen und zum Sieden bringen. Den Braten in die Brühe legen und zugedeckt bei schwacher Hitze 4 Stunden garen, dabei darauf achten, dass die Brühe nicht kocht. →

FÜR DIE BRATENSOSSE
100 g Champignons
2 rote Zwiebeln
2 Möhren
3 Stangen Sellerie
1 Stange Lauch
1 EL Olivenöl
3 EL Mehl
4 EL Sojasoße
1 l Gemüsebrühe
2 Stängel Thymian
2 Zweige Rosmarin
2 Nelken
1 Sternanis

FÜR DEN KRÄUTERQUARK
1 Knoblauchzehe
Saft von ½ Zitrone
1 EL fein gehackte Petersilie
1 EL fein gehackter Schnittlauch
300 g veganer Quark
Salz
frisch gemahlener Pfeffer

FÜR DIE BEILAGEN
1,2 kg Kartoffeln
Salz
1,2 kg Rosenkohl
2 EL Sonnenblumenöl
frisch gemahlener Pfeffer

AUSSERDEM
Küchengarn

→ Während der Braten gart, für die Bratensoße Champignons, Zwiebeln, Möhren, Sellerie und Lauch putzen beziehungsweise waschen oder schälen und grob hacken. Das Olivenöl in einem Topf bei mittlerer Stufe erhitzen und die Pilze darin 3–4 Minuten anbraten. Rühren nicht vergessen! Zwiebeln, Möhren, Sellerie und Lauch der Reihe nach zugeben, jeweils kurz anbraten, bevor das nächste Gemüse hinzugegeben wird. Das Mehl unterrühren und 3–4 Minuten anrösten. Mit Sojasoße und Gemüsebrühe ablöschen, dann die restlichen Zutaten hinzugeben. 15 Minuten köcheln lassen. Die Soße durch ein Sieb in einen zweiten Topf abseihen, dabei das Gemüse mit einem Kochlöffel andrücken, um das Maximum an Geschmack rauszuholen. Je nach gewünschter Konsistenz die Soße noch etwas köcheln lassen, bis sie dickflüssiger wird.

Für den Kräuterquark den Knoblauch schälen, fein hacken und mit den restlichen Zutaten und dem Quark vermischen. Mit Salz und Pfeffer abschmecken.

Die Kartoffeln in Salzwasser in ca. 20 Minuten gar kochen. Den Rosenkohl putzen, waschen und halbieren und im heißen Sonnenblumenöl in einer Pfanne bei mittlerer Hitze von beiden Seiten je ca. 5 Minuten anbraten. Gerne auch in einer Grillpfanne, dann entstehen aromatische Röststreifen. Mit Salz und Pfeffer würzen.

Zum Servieren den Braten aus dem Tuch wickeln, kurz abkühlen lassen und in einer großen Pfanne in Sonnenblumenöl von allen Seiten knusprig braten. Anschließend aufschneiden und mit der Soße, den Beilagen und dem Kräuterquark auf Tellern anrichten.

{ Den Rosenkohl in der Pfanne mit dem Saft von 1 Limette ablöschen. Das wird für neugierige Fragen am Tisch sorgen. Der Braten lässt sich 2–3 Tage im Voraus zubereiten und kann luftdicht verpackt im Kühlschrank gelagert werden. Vor dem Servieren Raumtemperatur annehmen lassen und anbraten. Auch einfrieren funktioniert super.

No Beef Bourguignon

15 30

FÜR 6 PERSONEN

FÜR DAS BOURGUIGNON
100 g Räuchertofu
800 g Jackfruit aus der Dose (Abtropfgewicht)
400 g braune Champignons
2 Möhren
1 Gemüsezwiebel
5 Knoblauchzehen
2 EL pflanzliches Öl
3 EL Mehl
1 TL Paprikapulver edelsüß
2 Lorbeerblätter
1 TL getrockneter Thymian
Salz
frisch gemahlener Pfeffer
3 EL Tomatenmark
500 ml Gemüsebrühe

ZUM SERVIEREN
1 Handvoll Thymianstängel

FÜR DAS KARTOFFELPÜREE
Salz
1 kg festkochende Kartoffeln
1 TL getrockneter Thymian
3 EL Pflanzenmargarine
250 ml Sojasahne
frisch gemahlener Pfeffer

Der französische Klassiker Boeuf Bourguignon schmort über Stunden im Ofen und zerfällt dann zart auf dem Teller. Meine Variante geht viel schneller und – das Beste daran – dank der tropischen Jackfruit und ihrer faserigen Konsistenz gelingt der butterweiche Gesamteindruck ebenso gut. Beeindruckte Gäste und ein gutes Gewissen – mit meinem No Beef Bourguignon eine Selbstverständlichkeit.

Den Räuchertofu grob reiben. Die Jackfruit abtropfen lassen, die harten Teile abschneiden und entsorgen. Die Champignons putzen, die Möhren schälen und beides fein würfeln. Die Zwiebel und den Knoblauch schälen und fein hacken.

In einem großen Topf das Öl auf mittlerer Stufe erhitzen und den Tofu darin 3 Minuten scharf anbraten. Jackfruit, Pilze, Möhren, Zwiebel und Knoblauch hinzugeben und unter gelegentlichem Rühren 5 Minuten mitbraten. Das Mehl sorgfältig unterrühren. Gewürze, Thymian, Salz und Pfeffer sowie das Tomatenmark hinzufügen, gut umrühren und alles 5 Minuten garen. Die Gemüsebrühe hinzugegeben, das Ganze aufkochen und zugedeckt bei schwacher Hitze mindestens 1 Stunde köcheln lassen.

In der Zwischenzeit für das Püree einen großen Topf Wasser mit 1 EL Salz aufsetzen. Die Kartoffeln schälen und in ca. 20 Minuten gar kochen. Dann abgießen und in einer Schüssel zu Mus stampfen. Thymian, Margarine und einen Schuss der Sojasahne hinzugeben und gut verrühren. Nach und nach in kleinen Mengen die restliche Sahne hinzugeben und verrühren, bis der gewünschte Grad an Cremigkeit erreicht ist. Mit Salz und Pfeffer abschmecken.

Das No Beef Bourguignon mit dem Kartoffelpüree in tiefen Tellern anrichten und mit Thymian bestreut servieren.

Saftiges Gulasch

30 90

FÜR 4 PERSONEN

600 g Jackfruit aus der Dose (Abtropfgewicht)
2 EL Sojasoße
2 TL Vegeta
1 TL Gulaschgewürz
4 TL Paprikapulver edelsüß
½ TL Knoblauchgranulat
Salz
frisch gemahlener Pfeffer
3 kleine rote Zwiebeln
3 Knoblauchzehen
3 EL Olivenöl
700 g Kartoffeln
4 rote Spitzpaprika
2 EL Mehl
3 EL Tomatenmark
2 EL Balsamico-Essig
1 l Gemüsebrühe
½ TL Chiliflocken

ZUM SERVIEREN

1 Handvoll Petersilie, fein gehackt (optional)

Ich bin nicht nur ein Fan von One-Pot-Pasta, sondern auch von One-Pot-Gulasch. Bei diesem Gericht sind Kartoffeln und Paprika gleich mit dabei. Zusätzliche mische ich die Süßkartoffel-Gnocchi von S. 39 unter, die geben noch eine schöne Konsistenz – einfach nur auffüllen, löffeln, lächeln und glücklich sein.

Den Backofen auf 200 °C Ober-/Unterhitze vorheizen. Jackfruit, Sojasoße, Vegeta, Gulaschgewürz, 1 TL Paprikapulver, Knoblauchgranulat, Salz und Pfeffer in einer Schüssel vermischen, auf ein mit Backpapier ausgelegtes Blech geben und im heißen Ofen 20 Minuten garen.

Die Zwiebeln und den Knoblauch fein hacken und 5 Minuten in einem großen Topf im heißen Olivenöl anschwitzen. Die Kartoffeln schälen, die Spitzpaprika putzen, beides in ca. 2 cm große Würfel schneiden und mit in den Topf geben. Weitere 5 Minuten braten. Das Mehl hinzugeben und alles sorgfältig vermischen.

Jackfruit aus dem Ofen nehmen und mit Tomatenmark, Balsamico-Essig, restlichem Paprikapulver und Gemüsebrühe zur Kartoffel-Paprika-Mischung geben. Mit Chiliflocken, Salz und Pfeffer würzen. Das Gulasch einmal aufkochen lassen und dann bei geringer Hitze 1½ Stunden köcheln lassen.

Auf vier tiefe Teller verteilen, mit Petersilie bestreut servieren.

Rouladen in Biersoße mit Kartoffelknödeln

Dieses Gericht ist meine ultimative kulinarische Kindheitserinnerung. Als Junge war ich jeden Sonntag bei meiner polnischen Tante zum Rouladenessen eingeladen. Sie hat sie mit Klößen und dunkler Soße serviert, und schon am Montag freute ich mich wieder auf den kommenden Sonntag. In vielen meiner Rezepte versuche ich Geschmackserinnerungen zu kreieren und ich finde, in diesem Fall ist mir das besonders gut gelungen.

45 90

FÜR 6 PERSONEN

FÜR DIE ROULADEN UND DIE SOSSE

1,5 l Gemüsebrühe
6 Soja-Big-Steaks
1 rote Zwiebel
6 Essiggurken
6 TL Senf
6 EL pflanzliches Öl
1 kleine Fenchelknolle
1 Gemüsezwiebel
1 EL Tomatenmark
3 EL Mehl
500 ml Bier nach Wahl
Salz
frisch gemahlener Pfeffer
1 Zweig Rosmarin
2 Stängel Thymian

In einem großen Topf die Hälfte der Gemüsebrühe zum Kochen bringen, die Soja-Big-Steaks hineingeben und bei schwacher Hitze 30 Minuten köcheln lassen. Die Steaks aus der Brühe nehmen und gut abtropfen lassen, in mehrere Lagen Küchenpapier oder in ein sauberes Geschirrtuch einschlagen und leicht beschweren, sodass die Steaks möglichst viel Feuchtigkeit verlieren und nachher knusprig werden. Mit einem scharfen Messer vorsichtig längs halbieren, sodass insgesamt zwölf dünne Steaks entstehen.

Die rote Zwiebel schälen und in feine Streifen schneiden. Die Essiggurken längs halbieren. Nun jedes der Steaks dünn mit Senf bestreichen, jeweils ein Stück der Essiggurke auf das untere Ende der Steaks geben, gefolgt von Zwiebelstreifen. Zum Abbinden der Steaks wären zwei weitere Hände hilfreich. Dafür die Steaks von unten nach oben aufrollen und mit Küchengarn oder Zahnstochern so fixieren, dass die Rouladen geschlossen bleiben. In einer Pfanne 3 EL Öl auf mittlerer Stufe erhitzen, die Rouladen darin von allen Seiten scharf anbraten und zur Seite stellen. →

FÜR DIE KARTOFFELKNÖDEL

Salz
500 g mehligkochende Kartoffeln
20 g Pflanzenmargarine
25 g Mehl
100 g Kartoffelstärke

AUSSERDEM

Küchengarn oder Zahnstocher

{ Die Soße schmeckt auch lecker zu dem Kartoffelsalat mit Knoblauch-Fenchel-Würstchen von Seite 35.

➡ Den Fenchel waschen, die Zwiebel schälen und beides fein hacken. In einem Bräter oder großen ofenfesten Topf das restliche Öl auf mittlerer Stufe erhitzen und Fenchel und Zwiebel darin 5 Minuten anschwitzen. Das Tomatenmark hinzugeben und alles weitere 5 Minuten braten. Das Mehl sorgfältig unterrühren und mit Bier und der anderen Hälfte der Gemüsebrühe ablöschen. Die Soße 15 Minuten köcheln lassen und mit Salz und Pfeffer abschmecken. Anschließend mit einem Pürierstab zu einer sämigen Soße mixen.

In der Zwischenzeit den Backofen auf 180 °C Ober-/Unterhitze vorheizen. Die Rouladen in den Bräter oder Topf geben, sie sollten komplett mit Soße bedeckt sein. Den Rosmarin und Thymian hinzugeben und alles bei geschlossenem Deckel 1½ Stunden im heißen Ofen garen.

Für die Knödel einen großen Topf gesalzenes Wasser aufsetzen. Die Kartoffeln schälen, würfeln und in ca. 20 Minuten gar kochen. Anschließend abgießen und in einer Schüssel zerstampfen. Die Margarine so lange unterrühren, bis die Kartoffeln sie komplett aufgenommen haben. Mehl, Stärke und etwas Salz untermischen und alles zu einem Teig verkneten. Daraus 80–100 g schwere Knödel formen. Erneut Salzwasser zum Sieden bringen und die Knödel vorsichtig hineingeben. In den ersten 2–3 Minuten nicht anfassen, danach leicht umrühren. Sobald die Knödel an der Wasseroberfläche schwimmen, mit einem Schaumlöffel herausheben. Die Rouladen in Biersoße mit den Knödeln servieren.

Ragù a la Bolognese

{ Die Gnocchi von Seite 39 passen extrem gut zum Ragù. Wer etwas Neues ausprobieren möchte, kann es auch mit dem Kartoffelpüree von Seite 47 genießen.

Dieser italienische Klassiker gehört zum absoluten Comfort Food. Ragù a la Bolognese ist das Wohlfühlessen schlechthin, auf das sich immer alle einigen können, wahrscheinlich weil die meisten von uns es seit Kindertagen kennen und lieben. Ein bisschen Abwechslung bringe ich hinein, indem ich dazu Gnocchi serviere, Pasta tut es aber natürlich auch.

15 120

FÜR 6 PERSONEN

250 g Sojagranulat
1 Gemüsezwiebel
1 Möhre
1 Stange Sellerie
2 EL Olivenöl
2 EL Tomatenmark
2 Dosen geschälte Tomaten (800 g)
1 EL Vegeta
Salz
frisch gemahlener Pfeffer

ZUM SERVIEREN
Gnocchi oder Pasta
½ Handvoll Petersilie

In einem Topf Wasser zum Kochen bringen und darin das Sojagranulat für 5 Minuten kochen. Danach in ein feines Sieb geben und mit einem Kochlöffel so viel Wasser wie möglich auspressen.

In der Zwischenzeit Zwiebel und Möhre schälen, in grobe Stücke teilen und zusammen mit dem ebenfalls zerteilten Sellerie in einen Mixer geben. Alles zu einer feinen Paste pürieren. Wer es stückiger mag, kann einfach etwas weniger mixen.

In einer großen Pfanne oder in einem Topf das Olivenöl auf hoher Stufe erhitzen und das Sojagranulat darin unter ständigem Rühren 5 Minuten anbraten. Die Gemüsepaste hinzugeben und bei reduzierter Hitze 5 Minuten mitbraten. Anschließend das Tomatenmark untermischen.

Die geschälten Tomaten in eine Schüssel geben und mit einem Pürierstab oder in einem Mixer glatt pürieren. Anschließend mit in den Topf geben. Die Soße mit Vegeta, Salz und Pfeffer abschmecken und auf niedriger Stufe ca. 2 Stunden köcheln lassen.

Zusammen mit Gnocchi oder Pasta und mit Petersilie bestreut garnieren.

süß & salzig

DESSERTS

Veganes Tiramisu

{ Das Tiramisu kannst du bereits am Nachmittag entspannt vorbereiten, weil ihm vor dem Servieren ein paar Stunden im Kühlschrank richtig guttun.

Das ist tatsächlich das Dessert, bei dem mir die meiste Skepsis entgegenschlägt: Schmeckt das denn auch in vegan? Ja, das tut es – und wie! Die veganen Produkte tun dem Geschmack keinen Abbruch, im Gegenteil. Achte nur darauf, dass dir der Espresso gut gelingt, denn er ist das A und O für ein leckeres Tiramisu.

45

FÜR 4 PERSONEN

FÜR DAS BISKUIT
220 g Mehl
3 TL Backpulver
250 g Kokosblütenzucker
Mark von 1 Vanilleschote
250 ml Hafer- oder Pflanzenmilch nach Wahl
60 g Pflanzenmargarine
1 EL Apfelessig

FÜR DIE CREME
800 g Kokoscreme
200 g veganer Frischkäse
8 EL Puderzucker
1 EL Kakaopulver
150 ml hochwertiger Espresso, abgekühlt
6 g Xanthan

ZUM SERVIEREN
ca. 6 EL gemischte Beeren
ca. 6 TL Schokoraspel

Den Backofen auf 180 °C Ober-/Unterhitze vorheizen. Für das Biskuit Mehl, Backpulver, Kokosblütenzucker und Vanillemark in einer Schüssel vermischen. Hafermilch, Margarine (Zimmertemperatur) und Apfelessig hinzugeben und gut verrühren.

Die Masse in einer mit Backpapier ausgelegten rechteckigen Springform (20 × 30 cm) gleichmäßig verteilen und ca. 20 Minuten – oder bis die Oberfläche goldbraun ist – im heißen Ofen backen.

In der Zwischenzeit für die Creme alle Zutaten, bis auf den Espresso und das Xanthan, in einer Schüssel vermengen. Unter die Masse zuerst 4–5 Esslöffel Espresso rühren, dann das Xanthan hinzugeben und alles mehrere Minuten kräftig aufschlagen, bis eine fluffige Masse entsteht.

Das Biskuit aus dem Ofen nehmen und abkühlen lassen. Mit einem Glas acht Kreise ausstechen. Je einen Biskuitkreis in ein Glas legen und mit Espresso beträufeln. Eine Schicht Creme daraufgeben, dann das Ganze wiederholen und mit der Creme abschließen. Das Tiramisu vor dem Servieren mit gemischten Beeren und Schokoraspeln bestreuen.

Winter Crumble

Ein Winter ohne Apple Crumble ist möglich, aber sinnlos. Die Kombination aus der frischen, süß-säuerlichen Apfel-Kaki-Mischung und den warmen Streuseln ist einfach göttlich. Crumble schmeckt am besten, wenn er noch lauwarm ist – aber wem erzähle ich das?

45 25

FÜR 4 PERSONEN

FÜR DIE APFEL-KAKI-MISCHUNG
500 g Äpfel
350 g Kaki
4 EL Kokosblütenzucker
½ TL Zimt

FÜR DAS CRUMBLE
300 g Haferflocken
50 g Cashewkerne
150 g Pflanzenmargarine
100 g Kokosblütenzucker
1 Prise Salz

ZUM SERVIEREN
Puderzucker

Den Backofen auf 180 °C Ober-/ Unterhitze vorheizen. Die Äpfel und Kakis schälen, Kerngehäuse und Strunk entfernen, dann das Fruchtfleisch in Würfel schneiden. Die Würfel in eine Schüssel geben, mit Kokosblütenzucker und Zimt verrühren und beiseitestellen.

Für das Crumble Haferflocken und Cashewkerne in einem Mixer zu Mehl verarbeiten. Das Mehl mit Margarine (Zimmertemperatur), Kokosblütenzucker und Salz in einer Schüssel mit den Händen zu einem bröseligen Teig verarbeiten.

Die Apfel-Kaki-Mischung in eine große oder in vier kleine Backform/en geben und die Streusel darauf verteilen. Das Crumble im heißen Ofen in 25 Minuten goldbraun backen. Vor dem Servieren mit Puderzucker bestreuen.

Schoko-Chia-Creme

Das ist mein Dessert, wenn es schnell zugehen soll. Die Schoko-Chia-Creme benötigt keinerlei Vorbereitungszeit und ist wirklich fix gemacht. Beachte bei deiner Menüplanung aber, dass sie mindestens 10 Minuten im Kühlschrank abkühlen und durchziehen muss – gerne auch länger.

25 10

FÜR 6 PERSONEN

FÜR DIE CREME

200 g Zartbitterschokolade
700 g Seidentofu
320 g Ahornsirup oder Süßungsmittel nach Wahl
1 Prise Salz
2 EL Chiasamen

ZUM SERVIEREN

2 Feigen oder andere Früchte (optional)
Kakaonibs (optional)

Die Zartbitterschokolade im Wasserbad schonend schmelzen. Die restlichen Zutaten, bis auf die Chiasamen, in einem Mixer vermengen, bis eine glatte Creme entsteht. Die geschmolzene Schokolade dazugeben und erneut alles verrühren. Zum Schluss die Chiasamen unterrühren und alles zugedeckt im Kühlschrank mindestens 10 Minuten ziehen lassen.

Die Schoko-Chia-Creme in Gläsern oder kleinen Schalen anrichten. Nach Belieben Feigen oder andere Früchte in dünne Scheiben schneiden und die Creme damit und mit Kakaonibs garniert servieren.

Pumpkin Spiced Cinnamon Rolls

Zimtschnecken gehören zu meinen absoluten Favoriten, ob als Nachtisch, Highlight auf der Kaffeetafel oder als süßes Frühstück. Diese Version mit dem Kürbispüree mag ich besonders – geschmacklich und natürlich, weil die Schnecken das perfekte Leftover-Backwerk sind.

20 70

FÜR 12–15 STÜCK

FÜR DEN TEIG

700 g Weizenmehl, plus mehr zum Verarbeiten
70 g Rohrohrzucker
1 TL Salz
14 g Trockenhefe
360 ml Hafermilch
130 g Pflanzenmargarine, plus mehr für die Form

FÜR DIE FÜLLUNG

120 g Kürbispüree (siehe Seite 29)
70 g Rohrohrzucker
1 EL Pumpkin Spice oder Zimt

Für den Teig Mehl, Zucker und Salz in einer großen Schüssel vermischen. Die Trockenhefe sorgfältig mit der Hafermilch vermischen, unter die Mehlmischung rühren und 5 Minuten kneten.

Die Margarine in 5 Minuten unterkneten, bis ein glatter Teig entsteht. Zu einer Kugel formen und zugedeckt 30 Minuten an einen warmen Ort stellen.

In der Zwischenzeit die Zutaten für die Füllung in einer Schüssel mit einer Gabel gut zerdrücken und vermengen, dann beiseitestellen. Für das Topping alle Zutaten vermischen, den Puderzucker zum Schluss hinzugeben. Das Ganze zu einer zähen Masse verrühren und ebenfalls bei Zimmertemperatur beiseitestellen. ➡

FÜR DAS TOPPING

100 g veganer Frischkäse
50 g Pflanzenmargarine
2 EL Hafermilch
260 g Puderzucker

{ Die Hafermilch und Margarine sollten Zimmertemperatur haben, dann gelingt der Teig mit Abstand am besten. Die Zimtschnecken schmecken frisch himmlisch, lassen sich aber auch gut 1 Tag aufbewahren.

→ Den Backofen auf 180 °C Ober-/Unterhitze vorheizen. Den Teig noch einmal kurz durchkneten. Die Arbeitsfläche und das Nudelholz mit etwas Mehl bestäuben und den Teig zu einem Rechteck von ca. 50 × 35 cm ausrollen. Anschließend gleichmäßig mit der Füllung bestreichen. Den Teig nun, beginnend an der unteren Kante, gleichmäßig nach oben aufrollen. Die Rolle in ca. 5 cm breite Stücke schneiden. Eine Springform (ø 28 cm) einfetten und die Schnecken nebeneinander hineinsetzen, bis der Boden komplett bedeckt ist. Die Form zudecken und die Schnecken 10 Minuten ruhen lassen. Im heißen Ofen 25–30 Minuten backen.

Die Zimtschnecken herausnehmen, direkt mit dem Topping bestreichen und mindestens 1 Stunde ruhen lassen.

Churros mit Schoko-Nuss-Creme

Dieses Gebäck aus Brandteig wird in Spanien am liebsten frühmorgens nach dem Feiern an Straßenständen – den Churrerías – gekauft und vor dem Hineinbeißen in Schokosoße getaucht. Ein echter Katerkiller. Traditionell dürfen Churros auch nicht am Neujahrsmorgen nach der Silvesterparty fehlen. Ich serviere sie mit dem weltbesten Haselnussaufstrich.

{ Da der Aufstrich sich gut und gerne 3 Tage hält, kannst du ihn auch wunderbar im Voraus zubereiten.

30 30

FÜR 6 PERSONEN

FÜR DIE CHURROS
100 g Pflanzenmargarine
1 TL Salz
260 g Mehl
1 l pflanzliches Öl
100 g Zucker
1 TL Zimt

FÜR DIE SCHOKO-NUSS-CREME
100 g Haselnusskerne
50 g Cashewkerne
100 g Zartbitterschokolade
100 ml Haselnussmilch
2 EL Rohrohrzucker
1 EL Kakaopulver

Für den Brandteig 480 ml Wasser in einem Topf auf mittlerer Stufe erhitzen. Sobald es anfängt zu sieden, Margarine und Salz hinzugeben und mit einem Holzlöffel verrühren. Wenn die Mischung beginnt zu kochen, das Mehl hinzugeben und den Topf vom Herd nehmen. Ordentlich verrühren. Den Topf wieder auf den Herd stellen, die Hitze reduzieren und kräftig weiterrühren, bis der Teig am Boden des Topfes etwas ansetzt. Diesen Vorgang nennt man abbrennen. Die Masse nun in eine Schüssel geben und etwas abkühlen lassen.

Den Backofen auf 180 °C Ober-/Unterhitze vorheizen. Das Öl in einem Topf auf ca. 175 °C erhitzen. Falls kein Thermometer vorhanden ist, einen Holzlöffel ins Öl halten: Bilden sich Bläschen am Stiel, ist das Öl heiß genug. Den Teig in einen Spritzbeutel mit Sterntülle geben und 5–7 cm lange Schlangen (Churros) vorsichtig ins heiße Fett geben. Etwa 3 Minuten frittieren, ohne sie zu berühren, sonst reißt die Haut auf, das Öl dringt ein und die Churros lösen sich auf.

In der Zwischenzeit auf einem flachen Teller, Zucker und Zimt vermischen. Sobald die Churros schön golden sind, mit einem Schaumlöffel herausheben und sofort im Zimtzucker wälzen.

Die Haselnüsse und Cashewkerne auf ein Backblech geben und 10 Minuten im heißen Ofen rösten. In der Zwischenzeit die Schokolade im Wasserbad zum Schmelzen bringen. Die Haselnüsse in eine Schüssel geben und mit der Hand darin rühren, um die letzten Reste der dünnen Schalen zu entfernen. Die Nüsse zusammen mit den Cashewkernen in einem Mixer zerkleinern, bis eine cremige Konsistenz entsteht. Die geschmolzene Schokolade und die restlichen Zutaten untermischen. Die fertigen Churros mit der Haselnusscreme servieren.

Mamas Schokokuchen

Mein absoluter Lieblingskuchen ist dieser schokoladige Traum. Nicht nur, weil er sensationell schmeckt, sondern auch, weil meine Mutter mich mit dieser veganen Variante ihres Originalrezeptes überraschte, damit auch ich bei den Familienessen nicht auf das Dessert verzichten muss. Die Haselnussmilch verleiht ihm eine ganz besondere Note. Ist es nicht toll, dass manche Rezepte vegan sogar besser schmecken als mit tierischen Zutaten?

10 30

FÜR 8–16 STÜCKE

FÜR DEN TEIG
500 g Sojajoghurt
350 g Rohrohrzucker
100 ml pflanzliches Öl
500 g Mehl
4 EL Kakaopulver
2 TL Natron

FÜR DAS TOPPING
350 g Rohrohrzucker
250 ml Haselnussmilch
200 g Zartbitterschokolade
125 g Pflanzenmargarine

Den Backofen auf 180 °C Umluft vorheizen. Für den Teig alle Zutaten vermengen. Eine Springform (ø 26 cm) mit Backpapier auslegen, den Teig einfüllen, glatt streichen und im heißen Ofen 30 Minuten backen.

Etwa 10 Minuten vor Ende der Backzeit das Topping vorbereiten. Dafür in einem Topf alle Zutaten auf niedriger Stufe unter regelmäßigem Rühren erhitzen, bis die Schokolade komplett geschmolzen ist.

Den Kuchen aus dem Ofen nehmen (in der Form lassen!). Mit einem spitzen Messer auf der Oberfläche ein großes Kreuz von ca. 3 cm Tiefe einschneiden. Anschließend das Topping langsam über den Kuchen gießen.

Den Kuchen auskühlen lassen und über Nacht in den Kühlschrank stellen. Dann in Stücke beliebiger Größe schneiden und servieren.

Saftiger Möhrenkuchen mit Frischkäse-frosting

{ Damit der Kuchen länger saftig bleibt, 50 g Ahornsirup in einem Topf erhitzen und die Oberfläche des Kuchens direkt nach dem Backen mit dem warmen Sirup bestreichen.

15 50

FÜR 8–16 STÜCKE

FÜR DEN KUCHEN
4 EL Chiasamen
250 g Mehl
6 gestrichener TL Backpulver
200 g gemahlene Cashewkerne
1 TL Zimt
1 Msp. Vanillemark
1 Prise Salz
500 g Möhren
250 g Pflanzenmargarine
200 g Ahornsirup
2 TL Apfelessig

FÜR DAS FROSTING
400 g veganer Frischkäse
160 g Ahornsirup
2 EL Limettensaft
1 Messerspitze Vanillemark
7 g Xanthan

ZUM SERVIEREN
1–2 Handvoll Walnusskerne, grob gehackt
1 Handvoll getrocknete Möhrenstreifen

Das hier ist nicht irgendein Möhrenkuchen, sondern eine stark amerikanisch angehauchte Variante – mit den Walnusskernen, dem Ahornsirup und dem Frischkäsefrosting. Das Tolle an Carrot Cake ist, dass er durch die Möhrenraspel so unglaublich schön saftig wird.

Den Backofen auf 180 °C Umluft vorheizen. Für den Kuchen die Chiasamen mit 180 ml Wasser in eine Schüssel geben und 10 Minuten quellen lassen. In der Zwischenzeit Mehl, Backpulver, Cashewkerne, Zimt, Vanillemark und Salz in einer Schüssel vermischen.

Die Möhren schälen und grob in eine zweite Schüssel reiben. Alle übrigen Zutaten – inklusive der gequollenen Chiasamen – unterrühren und dann mit einem Teigschaber unter die trockenen Zutaten heben. Den Teig gleichmäßig in einer ungefetteten Springform (ø 26 cm) verteilen und im heißen Ofen ca. 50 Minuten backen. Den Kuchen anschließend komplett erkalten lassen.

Für das Topping alle Zutaten, bis auf das Xanthan, in einer Schüssel mit einem Schneebesen glatt rühren. Das Xanthan hinzugeben und alles zu einer dickflüssigen Creme verrühren. Das Topping auf dem Kuchen verstreichen, mit gehackten Walnüssen und Möhrenstreifen dekorieren.

Gedeckter Apfelkuchen

Es hat ein bisschen gedauert, bis ich mich an die vegane Version herangetraut habe. Ich hatte viel Respekt vor diesem Klassiker, der seit Jahrzehnten zu Kaffee, Tee oder Espresso schmeckt. Aber es hat geklappt, und meine Gäste lieben diesen Kuchen sehr.

25 70

FÜR 8–12 STÜCKE

FÜR DEN MÜRBETEIG
300 g Mehl, plus mehr zum Verarbeiten
2 TL Backpulver
100 g Zucker
1 Prise Salz
200 g Pflanzenmargarine

FÜR DIE FÜLLUNG
1,2 kg Äpfel (Lieblingssorte)
100 g Pekannüsse
100 g Mandeln
500 g Apfelmus aus dem Glas
100 g Rosinen
100 g Rohrohrzucker
1 Pck. Vanillepuddingpulver
Saft von ½ Zitrone
1 TL Zimt

FÜR DIE GLASUR
100 g Puderzucker
3 EL Pflanzenmilch

Für den Teig in einer Schüssel Mehl und Backpulver vermischen. Zucker und Salz hinzufügen. Die kalte Margarine in Stücken hinzugeben und mit den Händen alles zügig zu einem glatten Teig verkneten. Diesen zugedeckt mindestens 30 Minuten in den Kühlschrank stellen.

In der Zwischenzeit die Äpfel schälen, vom Kerngehäuse befreien und in 1–2 cm große Würfel schneiden. Die Pekannüsse und Mandeln in einer Pfanne ohne Öl kurz anrösten, dann fein hacken. Alle Zutaten für die Füllung in eine Schüssel geben und gut vermischen.

Den Backofen auf 170 °C Unter-/Oberhitze vorheizen. Den Boden einer Springform (ø 26 cm) mit Backpapier auslegen. Nun den Teig auf der bemehlten Arbeitsfläche etwa 0,5–1 cm dick ausrollen.
Den Teig vorsichtig über die Springform legen und hineindrücken, sodass Boden und Rand bedeckt sind. Mit einem Messer überstehenden Teig am oberen Rand abschneiden. Nun die Füllung hineinfüllen. Den restlichen Teig erneut dünn ausrollen, in etwa 1 cm breite Stränge schneiden und diese im Karomuster auf die Füllung legen. Den Kuchen im heißen Ofen 70 Minuten backen.

Für die Glasur Puderzucker und Pflanzenmilch verrühren und direkt nach dem Backen über den Kuchen geben. Er schmeckt am besten lauwarm.

Frische Berliner

Für die einen heißen sie Krapfen oder Berliner, für die anderen Pfannkuchen – ich nenne die kleinen frittierten Kugeln Berliner. Schon in den Tagen vor dem Jahreswechsel sind die Auslagen der Bäckereien reichlich bestückt mit allen Varianten dieser Nascherei. Meine Lieblingsversion ist ganz pur, nur mit Puderzucker bestreut – bei der Füllung sind dir aber keine Grenzen gesetzt. So oder so wirst du mit den selbst gemachten Köstlichkeiten deinen Gästen ein beeindrucktes »Wow« entlocken.

{ Am besten am gleichen Tag verzehren, sie schmecken aber auch noch am Folgetag

30 120

FÜR CA. 16 STÜCK

FÜR DEN TEIG

200 ml Hafermilch
50 g Rohrzucker, plus mehr zum Zuckern
1 Pck. Trockenhefe
500 g Weizenmehl, plus mehr zum Verarbeiten
150 g Pflanzenmargarine

AUSSERDEM

1 l Rapsöl oder anderes pflanzliches Fett
Puderzucker zum Bestäuben (optional)
ca. 80 g Lieblingskonfitüre für die Füllung (optional)

In einer Schüssel Hafermilch (Zimmertemperatur), Zucker und Trockenhefe verrühren und 5 Minuten stehen lassen. Dann das Mehl hinzugeben und alles 5 Minuten verkneten. Die Margarine in weiteren 5 Minuten unterkneten. Den Teig zu einer Kugel formen, eine Schüssel mit Mehl ausstreuen und den Teig darin zugedeckt mindestens 30 Minuten ruhen lassen.

Den Teig kurz mit den Händen durchkneten, erneut zu einer Kugel formen und zugedeckt weitere 30 Minuten ruhen lassen. Etwa 50 g schwere Stücke vom Teig abwiegen und zwischen den Handflächen zu kompakten Kugeln rollen. Die Teiglinge auf einer bemehlten Fläche erneut zugedeckt 30 Minuten ruhen lassen.

Das Frittierfett in einem Topf auf 160–170 °C erhitzen. Falls kein Thermometer vorhanden ist, kann ein Holzlöffel helfen, der ins Öl gehalten wird: Bilden sich Bläschen am Stiel, ist das Öl heiß genug. Die Teiglinge vorsichtig nacheinander ins Ölbad geben und goldbraun ausbacken. Mithilfe von zwei Löffeln wenden, sodass beide Seiten frittiert werden.

Etwas Rohrzucker auf einen Teller geben. Die Berliner mit einem Schaumlöffel aus dem heißen Fett nehmen und direkt im Zucker wälzen, danach auf einem Rost auskühlen lassen. Traditionell werden die Berliner zusätzlich mit Puderzucker bestäubt und/oder mithilfe einer Spritze mit der Lieblingskonfitüre befüllt.

Salty Caramel Raw Cake

Dies war unser erster Kuchen, den wir im *oscar* angeboten haben. Lange hatten wir am Rezept gefeilt, bis er so schmeckte, wie wir ihn uns vorgestellt haben: reichhaltig, cremig, köstlich. Die Kombi aus süß und salzig ist nicht erst seit dem Peanutbutter and Jam Sandwich beliebt, und durch die etwas längeren Einweich- und Kühlzeiten ist er das absolute Anti-Stress-Dessert. Er schreit geradezu danach, im Voraus zubereitet zu werden, damit am Tag des Festes keine Hektik in der Küche ausbricht.

25 TK 8 Stunden

FÜR CA. 12 STÜCKE

FÜR DEN KUCHEN
200 g Cashewkerne
200 g getrocknete Datteln ohne Stein
100 g Kokosraspel
2 EL Kakaopulver
1 EL Kokosöl

FÜR DAS TOPPING
500 g Cashewkerne
600 ml Kokosmilch
250 ml flüssiges Kokosöl
150 g getrocknete Datteln ohne Stein
1 TL Meersalz
1 Msp. Vanillemark
1 EL Kakaopulver

Die Cashewkerne für das Topping über Nacht in kaltem Wasser einweichen. Alternativ 30 Minuten in Wasser kochen.

Eine rechteckige Form (Seitenlänge ca. 23 cm) mit Backpapier auslegen. Alle Zutaten für den Kuchen in der Küchenmaschine auf höchster Stufe in mindestens 30 Sekunden zerkleinern. Die Masse gleichmäßig in der Springform verteilen und mit der Rückseite eines Löffels fest andrücken. Die Form 30 Minuten in das Gefrierfach stellen.

Die eingeweichten Cashews in ein Sieb abgießen und unter kaltem Wasser abspülen. Zusammen mit den restlichen Zutaten für das Topping, bis auf den Kakao, in einer Küchenmaschine in mindestens 2 Minuten zu einer glatten Masse verarbeiten. Den Großteil des Toppings auf dem Kuchenboden verteilen. Den Kakao zur restlichen Masse in die Küchenmaschine geben und untermischen. Die Kakaomasse in Klecksen auf dem Topping verteilen und mit einer Gabel in kreisförmigen Bewegungen einarbeiten.

Den Karamellkuchen erneut mindestens 3 Stunden in das Gefrierfach stellen. 30 Minuten vor dem Verzehr aus dem Gefrierfach nehmen und im halb aufgetauten Zustand in beliebig viele Stücke schneiden.

Espresso-Trüffel mit Cashews und Kakao

{ Falls ihr sie nicht alle direkt auf einmal vertilgt, halten sich die Espresso-Trüffel in einer verschlossenen Dose im Kühlschrank mindestens 1 Woche, eingefroren sogar bis zu 3 Monate. Deshalb kannst du sie für ein Event richtig gut vorab zubereiten. Vor dem Servieren einfach noch einmal durch Kakaopulver rollen oder damit bestäuben.

Diese Art der Pralinen ist seit ein paar Jahren als sogenannte »Energyballs« in aller Munde. Ich mag sie nicht nur, weil sie durch Cashewkerne und Datteln eine wirklich gesunde Alternative zu herkömmlichen Naschereien bilden, sie schmecken einfach richtig lecker. Als kleine Leckerei nach einem Menü sind sie – mit Rohkakaopulver bestäubt – ein absoluter Hingucker. Wer keinen Espresso mag, kann ihn auch weglassen und den köstlichen Kugeln durch einen Hauch Zimt oder gemahlene Vanille eine andere Note geben.

15 60

FÜR CA. 24 STÜCK

250 g Cashewkerne
200 g getrocknete Datteln ohne Stein
100 g Kokosraspel
1 EL Kokosöl
1 doppelter Espresso
2 EL Kakaopulver

Alle Zutaten, bis auf den Kakao, in einer Küchenmaschine auf höchster Stufe in mindestens 30 Sekunden zu einer glatten Masse mixen.

Das Kakaopulver auf einen Teller geben. Aus der Cashew-Dattel-Kokos-Masse mit den Händen walnussgroße Kugeln formen und diese im Kakao wälzen. Die Espressokugeln 1 Stunde in den Kühlschrank oder ins Gefrierfach geben und nach Bedarf herausnehmen.

heiß & kalt

DRINKS

Granatapfel-Spritz mit Gin und Rosmarin

Diesen Drink liebe ich vor allem wegen seiner unschlagbar schönen Optik. Der Rotton des Granatapfelsafts und der Kerne ist einfach einmalig und die Orangenscheibe gibt nicht nur geschmacklich, sondern auch optisch noch mehr Frische. Der perfekte Start in einen perfekten Abend!

FÜR 1 GLAS

Eiswürfel
3 cl Gin
60 ml Granatapfelsaft
1 TL Ahornsirup
2 EL Granatapfelkerne
120 ml Prosecco
1 kleiner Zweig Rosmarin
1 Orangenscheibe

Die Eiswürfel in ein Glas geben. Gin, Granatapfelsaft, Ahornsirup und Granatapfelkerne hinzugeben und vorsichtig umrühren. Weitere Eiswürfel hinzugeben und das Ganze mit Prosecco auffüllen. Den Spritz mit Rosmarin und Orange garniert servieren.

Glüh-Gin

{ Für eine alkoholfreie Variante alkoholfreien Gin verwenden oder einfach weglassen – schmeckt (fast) ebenso gut.

Glühwein gehört für viele zu einem kalten Wintertag dazu, denn er wärmt zumindest von innen. Glüh-Gin ist noch ein kleiner Geheimtipp, wird aber auch immer populärer. Zu Recht, wie ich finde. Die Kombination aus den Fruchtsäften, weihnachtlichen Gewürzen und Gin ist absolut gelungen.

FÜR 5 TASSEN

500 ml Johannisbeersaft
300 ml Orangensaft
250 ml grüner Tee
125 g Ahornsirup
2 cl Vanillesirup
Abrieb von 1 unbehandelten Orange
3 Zimtstangen
3 Sternanis
5 Nelken
5 Wacholderbeeren
125 ml Gin

Säfte, Tee und Sirup in einem Topf zum Kochen bringen. Orangenabrieb, Zimtstangen, Sternanis, Nelken und Wacholderbeeren in einen Teefilterbeutel füllen, diesen verschließen und in die Flüssigkeit geben. Alles ein paar Minuten köcheln lassen.

Den Topf vom Herd nehmen, den Gewürzbeutel entfernen und den Gin hinzugeben. Den Glüh-Gin einmal gut durchrühren und in Tassen genießen.

Karotten-Spritz

Möhren sind eine der beliebtesten Gemüsesorten überhaupt. Sie sind relativ süß, man kann sie knabbern, raspeln und pürieren. Sie enthalten besonders viel Carotin und sind extrem gesund, da kommt es uns gerade recht, sie in einem superleckeren Drink zu servieren.

FÜR 1 GLAS

Eiswürfel
4 cl Gin
4 cl Möhrensaft
2 cl Limettensaft
2 cl Agavendicksaft
8 cl Ginger Beer

Die Eiswürfel in ein Glas geben. Gin, Möhrensaft, Limettensaft und Agavendicksaft hinzugeben und vorsichtig umrühren. Weitere Eiswürfel hinzugeben und das Ganze mit Ginger Beer auffüllen.

Espresso Martini

Ein Drink, den bestimmt nicht nur ich besonders gerne als Digestif serviere. Nach einem köstlichen Menü und einem guten Glas Wein schenkt er neue Energie – und die bittere Note des Espresso bildet einen schönen Kontrast zum süßen Dessert.

FÜR 1 GLAS

Eiswürfel
5 cl Wodka
3 cl Espresso
2 cl Kaffeelikör
1 cl Zuckersirup

ZUM GARNIEREN
3 Espressobohnen

Die Eiswürfel in ein Martiniglas geben, um das Glas gut zu kühlen. Das Shakerglas ebenfalls mit Eiswürfeln füllen. Alle Zutaten in den Shaker geben, verschließen und kräftig shaken, shaken, shaken – ca. 10 Sekunden lang.

Die Eiswürfel aus dem Martiniglas entfernen und den Drink durch ein Sieb ins Glas abseihen. Den Espresso Martini mit Espressobohnen garniert servieren.

Silvester-Bowle

FÜR CA. 12 GLÄSER

1 l Cranberrysaft
750 ml süßer Weißwein, z. B. Moscato d'Asti
330 ml Birnen-Cider
150 ml Lillet Blanc
120 ml Wodka
300 g tiefgefrorene gemischte Beeren
1 unbehandelte Limette, in dünne Scheiben geschnitten
1 unbehandelte Orange, in dünne Scheiben geschnitten
½ Bd. Minze

AUSSERDEM
Eiswürfel nach Bedarf

Schon den ganzen Tag über macht sich eine etwas aufgeregte Stimmung breit. Wir legen unsere besten Kleider zurecht und freuen uns, den letzten Abend des Jahres mit unseren liebsten Menschen zu feiern. Was passt zu diesem festlichen Anlass besser als eine Bowle? Diese bildet nicht nur ein optisches Highlight auf dem Büfett, mit ihren fruchtig-herben Aromen und durchaus etwas hochprozentiger ist sie wunderbar geeignet, um das neue Jahr zu begrüßen.

Alle gut gekühlten Zutaten, bis auf die Minze, in ein großes Bowle-Gefäß oder eine große Schüssel geben und sorgsam umrühren.

Die Minzblätter abzupfen und in der Hand leicht andrücken, das setzt das Aroma frei. Anschließend ebenfalls in die Bowle geben.

Die Eiswürfel nach Bedarf in die Gläser geben, jedoch nicht in die Bowle, da diese sonst wässrig wird. Die Bowle vor dem Einschenken mit der Kelle umrühren.

müde & hungrig

(KATER-)FRÜHSTÜCK

No-Waste-Omelett

5 10

FÜR 2 PERSONEN

FÜR DIE OMELETTS
160 ml Sojamilch
60 g Kichererbsenmehl
1 EL Hefeflocken
1 TL Backpulver
1 TL Kurkuma
½ TL Kala Namak
Salz
frisch gemahlener Pfeffer

AUSSERDEM
2 EL pflanzliches Öl zum Anbraten
herzhafte Reste von der Festtafel
1 Handvoll Schnittlauch, in Röllchen geschnitten
2 Schreiben Krustenbrot zum Servieren

Für deine Dinnerparty hast du üppig eingekauft und ordentlich aufgetafelt? Keine Sorge, wenn nicht aufgegessen wird: In meinem No-Waste-Omelett kannst du jedem Lebensmittel noch einen zweiten Auftritt schenken. Ob von der Bratenzubereitung übrig gebliebenes Kichererbsenmehl, den Braten selbst oder aber Champignons und andere Gemüsereste in deinem Kühlschrank – sie alle machen sich wunderbar als Teil des Restefrühstücks am nächsten Tag.

Alle Zutaten in einer Schüssel mit dem Schneebesen sorgfältig zu einem glatten, flüssigen Teig verrühren und 5 Minuten in den Kühlschrank stellen. Nach Belieben übrig gebliebenes Gemüse oder Braten in mundgerechte Stücke schneiden.

In einer Pfanne auf mittlerer Stufe 1 EL pflanzliches Öl erhitzen, die Hälfte der Reste hineingeben, dann mit der Hälfte der Omelettmasse übergießen. Das Omelett in 4–5 Minuten stocken lassen, danach wenden und weitere 2 Minuten garen. Anschließend einmal in der Mitte falten, auf einen Teller gleiten lassen, mit Schnittlauch bestreuen und mit Brot servieren. Das zweite Omelett ebenso zubereiten und servieren.

Pancakes mit Beerensoße

Wenn wir uns am Morgen nach einem festlichen Dinner aus dem Bett schälen und vielleicht noch ein bisschen verkatert, in jedem Fall aber noch erfüllt vom guten Essen und ebensolchen Gesprächen, an den Frühstückstisch kommen, brauchen wir eine Mahlzeit, die diese Stimmung noch ein kleines Weilchen aufrechterhält. Ein Stapel dieser Pancakes, mit ihrer üppigen Beerensoße und dem Joghurttopping, lässt uns dort anknüpfen, wo wir am Abend zuvor aufgehört haben ...

15 10

FÜR 4 PERSONEN

FÜR DEN TEIG
200 g Weizenmehl
2 gehäufte TL Backpulver
200 ml Hafer- oder Pflanzenmilch nach Wahl
60 g Ahornsirup oder Süßungsmittel nach Wahl
1 große reife Banane

FÜR DIE BEERENSOSSE
250 g tiefgefrorene gemischte Beeren
3 EL Kokosblütenzucker
Saft und Abrieb von 1 unbehandelten Limette

ZUM SERVIEREN
4 EL Sojajoghurt (optional)

Für den Teig Mehl und Backpulver vermischen. Hafermilch, Ahornsirup und die geschälte Banane hinzugeben und alles in einem Mixer zu einem glatten, flüssigen Teig mixen. Diesen zugedeckt 10 Minuten in den Kühlschrank stellen.

Für die Beerensoße alle Zutaten in einen Topf geben, einmal erhitzen und dann bei schwacher Hitze einige Minuten köcheln lassen.

Den Teig portionsweise in eine beschichtete Pfanne geben und bei mittlerer Hitze jeweils von beiden Seiten zu goldbraunen Pancakes ausbacken.

Die Pancakes auf einem Teller stapeln, sodass sich alle Übernachtungsgäste bedienen können, und die Soße – und nach Belieben den Sojajoghurt – darübergeben.

Leftover-Stulle

5

FÜR 2 PERSONEN

2 dicke Scheiben Krustenbrot
oder Brot nach Wahl
2 TL Senf
2 TL vegane Mayonnaise
2 EL Ajvar
6–8 Scheiben kalter Braten (siehe Seite 43) oder BBQ Brisket (siehe Seite 31)
6 Scheiben Gewürzgurke
6 Scheiben Tomate
1 Handvoll Salat, in Streifen geschnitten

Wir alle reden von Nachhaltigkeit: weniger Müll, weniger Autofahren, mehr Energiesparen. Was, wenn wir schon beim Kochen darauf achten, alles zu verwerten und nichts wegzuschmeißen? Es ist nicht nur nachhaltig, sondern macht auch noch Spaß. Die Reste von Weihnachtsbraten und Co. kannst du mit ein paar simplen Kühlschrankbasics in einen echten Schatz verwandeln und ganz nach deinem Geschmack zusammenstellen.

Die Brotscheiben nach Belieben im Toaster oder Backofen rösten. Dann mit je 1 TL Senf, Mayonnaise und 1 EL Ajvar bestreichen. Anschließend mit je drei bis vier Scheiben kaltem Braten oder BBQ Brisket belegen. Zum Schluss je drei Scheiben Gewürzgurken, drei Tomatenscheiben und Salat auf den beiden Stullen platzieren – fertig!

Bratapfel-Porridge

{ Für die Optik kannst du, bevor du die Äpfel viertelst, aus der Mitte zwei Scheiben herausschneiden. Zusammen mit den Würfeln karamellisieren und den Porridge damit dekorieren.

Bratapfel und Porridge? Zwei Gerichte, die nicht nur den Magen, sondern auch das Herz füllen. Beide gehören zu meinen absoluten Lieblings-Wohlfühlessen. In diesem Fall sind sie sogar vereint in einem Gericht – cremig-warmer Porridge getoppt mit zimtduftenden Äpfeln. Ob zum Frühstück oder auch zum Aufwärmen nach einem langen Winterspaziergang, dieses Essen zeigt, dass Kochen auch Liebe ist.

10

FÜR 2 PERSONEN

FÜR DEN PORRIDGE
250 ml Hafer- oder Pflanzenmilch nach Wahl
4 EL Ahornsirup
1 TL Zimt
100 g Haferflocken

FÜR DEN BRATAPFEL
2 Äpfel
2 EL Kokosblütenzucker
1 TL Zimt
Saft von 1 Limette
2 Physalis (optional)

Für den Porridge Hafermilch, Ahornsirup und Zimt in einem Topf bei mittlerer Hitze zum Kochen bringen. Den Topf kurz vor dem Überkochen der Milch vom Herd nehmen. Die Haferflocken unterrühren und das Ganze bei schwacher Hitze unter gelegentlichem Rühren ca. 5 Minuten köcheln lassen.

Die Äpfel waschen, vierteln, vom Kerngehäuse befreien und in Würfel scheiden. Nach Belieben für die Garnitur einen Apfel in Scheiben schneiden. Apfelwürfel und -scheiben mit dem Kokosblütenzucker in einer Pfanne bei mittlerer Hitze in 5 Minuten karamellisieren. Den Zimt und den Limettensaft hinzugeben und die Apfelstücke unter häufigem Rühren weitere 3 Minuten dünsten.

Den Porridge zum Servieren in zwei kleine Schalen füllen, die warme Bratapfel-Mischung darübergeben und optional mit Apfelscheiben und je einer Physalis garnieren.

MENÜS

Menüs

Wenn man selber gerne kocht und auch isst, gibt es fast nichts Schöneres, als Gäste einzuladen. Der Winter ist die perfekte Zeit, um lange Abende am Tisch zu verbringen. Es gibt eine ganze Reihe an mehr oder weniger festlichen Anlässen, und viele Menschen kommen im Winter ein bisschen zur Ruhe und nehmen sich Zeit, mit Freunden zusammenzusitzen.

Das Essen ist gehaltvoller, lädt zum Schlemmen und Verquatschen ein, und wenn der Abend gar zu lang geworden ist, bleiben die Gäste einfach über Nacht und am Morgen gibt es noch ein belebendes/gemütliches Katerfrühstück.

Klar ist die Vorbereitung eine Herausforderung, aber mit ein bisschen Planung stellt Ihr leicht ein Drei-Gänge-Menü auf die Beine und serviert nebenbei noch einen eleganten Aperitif. Ich finde mehr als drei Gänge zu ambitioniert, um sie zu Hause zuzubereiten, aber klar, alles ist möglich. Wenn du entspannt bist, sind es deine Gäste auch.

Die Kriterien für die Auswahl meiner Menüs sind: Geschmack, Optik und Nachhaltigkeit. Allen meinen Rezepten liegt der Gedanke der Nachhaltigkeit zugrunde, und so ergibt sich aus der Verwendung bestimmter Zutaten schon eine naheliegende Kombination, damit Reste sinnvoll verwendet werden. Ansonsten sind die Vorschläge hier einfach meine persönliche Zusammenstellung. Zu diesen Menüs gebe ich ein paar Hilfestellungen, wie die Planung organisiert werden kann. Vielleicht hast du andere Vorstellungen oder andere Lieblingsgerichte, das ist natürlich kein Problem, kombiniere, wie es dir gefällt!

TIPPS UND TRICKS RUND UM DEINE MENÜPLANUNG

EINKAUFEN

Rechtzeitiges Einkaufen ist richtig wichtig. Am besten fängst du ca. eine Woche vorher mit der Planung an. Sobald du dich für Gerichte entschieden hast, guck nach, ob du etwas frühzeitig besorgen musst oder kannst. Frische Zutaten besorgst du aber am besten erst einen Tag vor dem Event.

ZEITPLAN

Einiges kann schon im Voraus zubereitet oder zumindest vorbereitet werden, sodass du am Tag selber entspannter arbeiten kannst. Das meiste bleibt trotzdem für die Stunden vor dem Besuch übrig, deshalb macht es durchaus Sinn, dir einen Zeitplan zu erstellen und auch einen Puffer einzubauen. So kannst du einigen Stress vermeiden.

AUSWAHL DER REZEPTE

Wenn du Vorspeise, Hauptgang und Nachtisch selber zusammenstellst, überlege dir vorher einen roten Faden, damit alles gut zusammenpasst. Auch den zeitlichen Ablauf solltest du im Blick haben, damit du nicht in Schwierigkeiten kommst.

TISCH

Du machst es dir einfacher, wenn du den Tisch deckst und evtl. sogar dekorierst, bevor du in der Küche startest. Dann musst du daran keinen Gedanken mehr verschwenden.

GÄSTE BEWIRTEN

Sobald die Gäste eintreffen, geht es los und alles sollte so vorbereitet sein, dass du für Vorspeise, Hauptgang und Dessert nur noch wenig Zeit in der Küche brauchst, damit du möglichst viel gemeinsame Zeit mit deinen Gästen hast. Allerdings spricht auch nichts dagegen, dass alle dabei helfen können, Gnocchi oder Knödel zu formen, Teller zu füllen oder Drinks zu mixen.

Menü 1

Es ist total cool, auch mal unter der Woche zum Abendessen einzuladen und aus einem stinknormalen Mittwoch ein Fest zu machen. Aber dann sollte sich die Anstrengung auch in Grenzen halten. Die meisten von uns haben schließlich nicht den ganzen Tag Zeit, in der Küche zu stehen. Für diese Kombination kannst du alle Zutaten gut vorab besorgen und mit relativ überschaubarem Aufwand zubereiten. Wenn du ca. zwei Stunden Zeit hast, kannst du alles am Tag selber zubereiten. Du kannst aber auch schon einzelne Schritte am Tag vorher erledigen, das macht das Ganze noch entspannter.

SCHNELLER ÜBERBLICK

VARIANTE 1

bis zu 2 Stunden vorher

- Suppe zubereiten
- Pesto zubereiten
- Schoko-Chia-Creme zubereiten
- Gnocchiteig zubereiten und Gnocchi formen

unmittelbar vor dem Servieren

- Gnocchi kochen
- Karotten-Spritz mischen

VARIANTE 2

1 Tag vorher

- Gnocchiteig zubereiten
- Pesto zubereiten
- Schoko-Chia-Creme zubereiten

bis zu 6 Stunden vorher

- Suppe zubereiten
- Gnocchi formen

unmittelbar vor dem Servieren

- Karotten-Spritz mischen
- Suppe aufkochen
- Gnocchi kochen
- Pesto erwärmen

VARIANTE 1 RELATIV SPONTAN

Die **Suppe** braucht ca. 1½ Stunden vom Schneiden bis auf den Tisch. Starte also ca. 2 Stunden bevor die Gäste kommen. In der letzten Stunde köchelt sie nur noch vor sich hin, die kannst du gut für das **Pesto** nutzen. Das Pesto geht supereinfach, braucht aber ½ Stunde im Ofen. Währenddessen kannst du fix die **Schokocreme** zubereiten. Die kann danach im Kühlschrank warten, bis du sie brauchst. Ca. 1 Stunde bevor die Gäste kommen, geht es mit den **Gnocchi** weiter, der Teig ist schnell gemacht, kann dann entweder im Kühlschrank warten oder sofort zu Gnocchi geformt werden. Kochen solltest du sie erst unmittelbar, bevor sie gegessen werden sollen. Der **Karotten-Spritz** wird direkt vor dem Servieren gemixt.

VARIANTE 2 MIT ETWAS VORLAUF

Den Teig für die **Gnocchi** und das **Pesto** kannst du gut schon am Tag bevor die Gäste kommen zubereiten. Allerdings solltest du den Teig luftdicht verpackt im Kühlschrank lagern, sonst trocknet er aus. Die **Schoko-Chia-Creme** kann ebenfalls perfekt 1 Tag im Kühlschrank stehen. Die **Suppe** kann gut am Morgen fertig gemacht und dann am Abend vor dem Servieren einfach noch mal aufgekocht werden. Die **Gnocchi** kannst du ruhig ein paar Stunden vor dem Servieren formen und auf einem bemehlten Backblech oder Geschirrtuch deponieren, sie dürfen gerne etwas trocknen. Aber Abstand halten, sonst kleben sie zusammen. Das Pesto wird direkt vor dem Anrichten erwärmt. Der **Karotten-Spritz** wird unmittelbar vor dem Servieren gemixt.

MENÜ I

easy & schnell

Aperitif

KAROTTEN-SPRITZ

S. 89

Vorspeise

HERZERWÄRMENDE WINTERSUPPE

S. 25

Hauptgericht

SÜSSKARTOFFEL-GNOCCHI
MIT KÜRBISPESTO

S. 39

Dessert

SCHOKO-CHIA-CREME

S. 63

Menü 2

Ich finde gerade im Winter die traditionellen Braten- und Schmorgerichte attraktiv. Weil sie in meiner Kindheit auf den Tisch kamen, erzeugen sie bei mir ein Gefühl von Wohligkeit. Deswegen sehen viele meiner Hauptgerichte so aus, als seien sie mit Fleisch zubereitet. Meine Gäste merken oft nicht einmal, dass sie ein veganes Gericht verzehren. Wenn dann noch ein ungewöhnlich zubereiteter Salat als Vorspeise dazukommt, wird der Geschmackssinn deiner Gäste richtig gefordert. Dieses Menü ist perfekt für alle geeignet, die davon überzeugt werden wollen oder sollen, dass vegane Ernährung keinerlei Verzicht bedeutet – nicht an Extravaganz, nicht an Geschmack und auch nicht an Wohligkeit.

SCHNELLER ÜBERBLICK

1–2 Tage im Voraus
- Tapenade zubereiten
- Eiswürfel produzieren

1 Tag vorher
- Möhrenkuchen backen

bis zu 10 Stunden vorher
- Bourguignon zubereiten
- Granatäpfel entkernen

unmittelbar vor dem Servieren
- Granatapfel-Spritz mischen
- Petersilie hacken
- Salatherzen grillen
- Kartoffeln kochen, stampfen

BRAUCHT ETWAS VORLAUF

Die **Tapenade** kann perfekt 1–2 Tage im Voraus zubereitet werden, sie hält sich gut im Kühlschrank, in einem Schraubglas sogar über Wochen, du könntest also einen Vorrat anlegen. Für den Granatapfel-Spritz unbedingt **Eiswürfel** verfügbar haben, spätestens 1 Tag vorher ins Eisfach damit. Den **Möhrenkuchen** solltest du am besten am Vortag zubereiten, er schmeckt besser, wenn er Zeit zum Durchziehen hatte. Er kann direkt mit Topping in den Kühlschrank, oder du kühlst Kuchen und Topping getrennt und stellst den Kuchen erst am Nachmittag zusammen, ganz wie du magst. Das **Bourguignon** kann auch schon am Morgen des Essens zubereitet und später erneut aufgewärmt werden, dann noch einmal abschmecken. Für den Salat und den Drink kannst du die Granatäpfel schon am Morgen entkernen. Abends mischst du als Erstes den Granatapfel-Spritz, nach dem Aperitif brauchst du nur die **Petersilie** zu hacken und den **Romana** zu grillen, das dauert insgesamt weniger als 10 Minuten. Lediglich die **Kartoffeln** für das Püree sollten frisch gekocht und gestampft werden. Die perfekte Vorbereitung wäre, sie vorab zu schälen und aufzusetzen, sobald die Vorspeise serviert wird, dann kannst du sie danach sofort zerstampfen und noch heiß auf den Tisch bringen.

MENÜ II

undercover & understatement

Aperitif

GRANATAPFEL-SPRITZ

S. 85

Vorspeise

GEGRILLTER ROMANASALAT MIT TAPENADE

S. 17

Hauptgericht

NO BEEF BOURGUIGNON

S. 47

Dessert

MÖHRENKUCHEN

S. 73

Menü 3

Der Winter ist definitiv die beste Zeit, um kulinarisch zu verwöhnen und sich verwöhnen zu lassen. Alle setzen mehr auf Genuss als aufs Kalorienzählen, eine schöne Entspanntheit breitet sich am Tisch aus. In einen Zustand der Glückseligkeit kannst du deine Gäste mit diesem festlichen Wohlfühl-Menü versetzen. Schon die Suppe lässt alle zur Ruhe kommen, das edle Hauptgericht bringt ein wunderbares Aroma ins ganze Haus und der Kuchen setzt dem Ganzen ein Krönchen auf.

SCHNELLER ÜBERBLICK

1 Tag vorher

- Weihnachtsbraten sieden
- Bratensoße zubereiten
- Pastinaken-Birnen-Suppe zubereiten
- Schokokuchen backen

ca. 2 Stunden vorher

- Kräuterquark zubereiten
- Rosenkohl putzen
- Kartoffeln waschen

unmittelbar vor dem Servieren

- Pastinaken-Birnen-Suppe erwärmen, aufschäumen
- Kartoffeln kochen
- Rosenkohl anbraten
- Weihnachtsbraten anbraten, aufschneiden
- Glüh-Gin zubereiten

BESSER MIT GUTER PLANUNG

Für den **Weihnachtsbraten** musst du definitiv Zeit einplanen, er soll ja alleine schon 4 Stunden in der Brühe sieden. Wenn du auf Nummer sicher gehen möchtest, kannst ihn aber gut am Tag vorher zubereiten, kühl stellen und vor dem Servieren noch anbraten. Auch die **Soße** kannst du um 1 Tag vorziehen, das macht den Tag selbst deutlich entspannter. Die **Pastinaken-Birnen-Suppe** lässt sich ebenfalls sehr gut vorbereiten und hält sich gekühlt auch bis zum nächsten Tag, vor dem Servieren erwärmen und noch einmal mit dem Pürierstab aufschäumen. Der **Schokokuchen** sollte im Idealfall über Nacht im Kühlschrank durchziehen, das gibt ihm mehr Saftigkeit und Aroma. Den **Kräuterquark** würde ich am gleichen Tag zubereiten, ihm aber noch ein bisschen Zeit zum Ziehen geben. Den **Rosenkohl** kannst du schon vorher putzen und halbieren, braten solltest du ihn erst unmittelbar, bevor er auf die Teller kommt. Die **Kartoffeln** kannst du aufsetzen, wenn du die Suppe servierst. Nach dem Hauptgang erst mal abräumen und dann die Zutaten für den **Glüh-Gin** aufsetzen.

MENÜ III

festlich & traditionell

Vorspeise
PASTINAKEN-BIRNEN-SUPPE

S. 12

Hauptgericht
WEIHNACHTSBRATEN MIT ROSENKOHL & KARTOFFELN

S. 43

Dessert
MAMAS SCHOKOKUCHEN

S. 70

Digestif
GLÜH-GIN

S. 86

Menü 4

Die Rouladen, die ich für dieses klassische Menü vorschlage, verlangen schon etwas Geschick und auch Zeit. Aber mit ein bisschen Logistik kommt garantiert keine Hektik auf, deshalb habe ich sie hier mit ebenfalls gut vorzubereitenden Vor- und Nachspeisen kombiniert. Also lass dich nicht davon abhalten, dich an dieses Gericht heranzutrauen. Für besondere Anlässe und Menschen gibt man sich ja gerne Mühe und kocht aufwendiger. Verwöhne die Gäste und dich selbst mit Duft und Geschichten, die unweigerlich aus den Tiefen der Geschmackserinnerungen hochgeholt werden. Solche Abende bleiben im Kopf.

SCHNELLER ÜBERBLICK

1 Tag vorher

- Rouladen zubereiten
- Käse-Lauch-Suppe zubereiten
- Knödelteig zubereiten

ca. 2 Stunden vorher

- Apfelkuchen zubereiten

unmittelbar vor dem Servieren

- Käse-Lauch-Suppe erwärmen
- Rouladen erwärmen
- Knödel formen, sieden

GUT VORZUBEREITEN

Wenn du dir etwas Luft verschaffen willst, kannst du die **Rouladen** schon 1 Tag vor dem Event zubereiten. Sie werden eher sogar besser, wenn sie länger in der **Soße** ziehen, dann musst du sie nur rechtzeitig vor dem Essen im Bräter erwärmen, damit die Hitze schön durchzieht. Die **Käse-Lauch-Suppe** lässt sich ebenfalls prima vorbereiten und hält sich gekühlt bis zum nächsten Tag, vor dem Servieren nur noch kurz erwärmen. Den **Knödelteig** kannst du gut eine Nacht im Kühlschrank aufbewahren. Aber auch die **Knödel** selbst kannst du formen und über Nacht in den Kühlschrank stellen, ich empfehle aber, sie à la minute zuzubereiten! Ich finde, sie schmecken besser, wenn sie unmittelbar vor dem Servieren gemacht werden. Da der **Apfelkuchen** am allerbesten lauwarm schmeckt und du im Idealfall fast alles schon am Vortag erledigen konntest, hast du am Nachmittag jetzt Zeit, den Kuchen vorzubereiten und nach der Vorspeise aus dem Ofen zu holen. Dann noch glasieren, und er ist auf den Punkt perfekt.

MENÜ IV

klassisch & heimelig

Vorspeise

KÄSE-LAUCH-SUPPE

S. 21

Hauptgericht

ROULADEN IN BIERSOSSE
MIT KARTOFFELKNÖDELN

S. 51

Dessert

GEDECKTER APFELKUCHEN

S. 74

Menü 5

Rauchig und süß, salzig und umami, dieses Menü spielt mit den Aromen und bringt neue Facetten auf den winterlichen Tisch. Barbecue und Cola sind typisch amerikanisch, auch wenn die fritz-kola, mit der ich mein Brisket gerne zubereite, eine total deutsche Erfindung ist. Die Cola verleiht der Soße den süßen Geschmack, eine klebrige Konsistenz und eine intensive Farbe. Welche Cola du für die BBQ-Soße verwendest, bleibt natürlich dir überlassen.

SCHNELLER ÜBERBLICK

1–2 Tage im Voraus
- Salty Caramel Raw Cake »backen«

ca. 4 Stunden vorher
- Süßkartoffel-Kokos-Suppe zubereiten
- Brisket zubereiten

ca. 1 Stunde vorher
- Rotkohl zubereiten
- Süßkartoffel-Wedges zubereiten

BRAUCHT GUTES ZEITMANAGEMENT

Den **Kuchen** solltest du bereits am Vortag angehen oder sogar ganz fertig stellen, unbedingt die Einweichzeit der Cashew-Kerne bedenken! Er kann im Gefrierfach warten, bis du das Hauptgericht servierst, dann hat er noch genug Zeit anzutauen. Die **Süßkartoffel-Kokos-Suppe** ist total unkompliziert, alles in allem brauchst du 1 Stunde dafür. Du kannst sie auch vorab kochen und später aufwärmen, ich persönlich mag sie aber lieber frisch. Und da du wegen des Briskets eh in der Küche stehst, kannst du die Suppe »nebenbei« machen. Das **Brisket** ist zwar etwas betreuungsintensiver als die meisten anderen Hauptgerichte, aber es zahlt sich aus, es ziemlich auf den Punkt zuzubereiten, dann ist die Kruste einfach am allerbesten. Ca. 1 Stunde bevor die Gäste kommen, mit dem **Rotkohl** starten und die die **Wedges** in den Ofen schieben.

MENÜ V

amerikanisch-deutsche Freundschaft

Vorspeise

SÜSSKARTOFFEL-KOKOS-SUPPE

S. 18

Hauptgericht

BBQ BRISKET MIT SÜSSKARTOFFELN UND ROTKOHL

S. 31

Dessert

SALTY CARAMEL RAW CAKE

S. 78

Menü 6

Nachhaltigkeit und Effektivität spielen in meiner Küche eine ziemlich große Rolle. Ich mag es, wenn ich Zutaten gleich für mehrere Rezepte verwenden kann, am besten lassen sich auch noch Arbeitsschritte kombinieren. Damit spare ich Zeit und vermeide Abfall.
An Kürbis kommt man in der dunklen Jahreszeit nicht vorbei, egal ob Butternut, Muskat oder Hokkaido; ab dem Herbst sorgen sie für Farbe im Gemüseregal. Da sie sich sehr gut lagern lassen, können wir auch die Winterküche damit aufpeppen. Genial ist auch, dass wir sie sowohl für herzhafte Haupt- als auch für süße Nachspeisen verwenden können.

SCHNELLER ÜBERBLICK

vorab

- Eiswürfel einfrieren
- Granatapfel entkernen
- Tisch decken

ca. 3 Stunden vorher

- Es geht los, alles greift ineinander, am Ende bist du wie berauscht und kannst zurecht stolz auf dich sein!

ALLES IM FLOW

Für dieses Menü kannst du nicht viel vorbereiten, deshalb gebe ich hier ein paar Hilfestellungen, wie du alles in einem Durchgang bewältigen kannst. Ich mag diese Momente in der Küche, in denen alles ineinandergreift, ich an verschiedenen Gerichten nahezu gleichzeitig arbeite und am Ende kommt ein ganzes Menü heraus: Ca. 3–4 Stunden bevor die Gäste kommen, schiebst du die Auberginen für den **Aufstrich** in den Ofen. Dann teilst du die **Kürbisse,** die den Auberginen im Ofen Gesellschaft leisten. Während Auberginen und Kürbisse im Ofen garen, kannst du schon den **Granatapfel-Joghurt** zubereiten und den Teig für die **Cinnamon Rolls** machen. Auch den Großteil für die **Kürbisfüllung** könntest du jetzt vorbereiten, besonders effektiv bist du, wenn du direkt die Zwiebel und den Knoblauch für den **Aufstrich** mithackst und beiseitestellst. Zwischenzeitlich sind die Auberginen schon fertig und dürfen ganz entspannt auf ihre Weiterverarbeitung warten. Nach 1 Stunde ist der Kürbis so weit, du kannst nun die **Füllung für die Schnecken** zusammenmischen, den Teig damit bestreichen, einrollen, schneiden und ab damit in den Backofen. Weiter geht es mit der **Füllung für den Kürbis.** Während das Granulat quillt, ist schon wieder der Aufstrich dran. Der Fenchel muss gehackt und mit Zwiebel und Knoblauch angeschwitzt werden und köchelt danach mit den Gewürzen und den Auberginen vor sich hin, bis die Gäste Platz genommen haben. Zurück zur **Kürbisfüllung**: Die Quinoa wird gekocht und dann dürfen alle Zutaten zusammengemischt werden. Während du schon die Vorspeise servierst, können die Kürbishälften im Ofen noch etwas Hitze nehmen, jetzt kannst du auch noch einen Hauch Gewürz daraufgeben. Mittlerweile müssten auch die **Cinnamon Rolls** fertig sein, die brauchen noch ihr Topping und dürfen dann warten, bis ihr bereit seid für den Nachtisch. Dazu gibt es einen kalten **Espresso Martini**, den du am besten frisch aufbrühst. Und sollten Gäste über Nacht bleiben, kannst du zum Frühstück aus den Resten **Omelett** oder **Belag für Stullen** zusammenwerfen.

MENÜ VI

no fuss & no waste

Vorspeise
AUBERGINEN-FENCHEL-AUFSTRICH
S. 15

Hauptgericht
GEFÜLLTER BUTTERNUT-KÜRBIS
S. 29

Dessert
PUMPKIN SPICED CINNAMON ROLLS
S. 64

Digestif
ESPRESSO MARTINI
S. 91

Frühstück
LEFTOVER-STULLE / OMELETT
S. 100 / 96

ANHANG

Glossar

AJVAR

Ajvar schmeckt leicht scharf nach Paprika und Auberginen. Ich benutze die cremige Paste gerne zum Würzen, als Brotaufstrich und auch als Dip.

AQUAFABA

Aquafaba ist das Einweichwasser von Hülsenfrüchten, ob aus der Dose oder selbst gekocht. Ich verwende meistens das Abtropfwasser von Kichererbsen aus der Dose. Aufgeschlagen ist es ein guter Ersatz für Eischnee und ermöglicht, viele klassische Rezepte ohne tierische Produkte herzustellen.

KALA NAMAK

Kala Namak oder auch »Schwarzes Salz« hat seinen Ursprung in Indien. Ich verwende es gerne für »Eierspeisen«, denn sein salzig-schwefliger Geschmack verleiht veganem Rührei, Omelett oder Eiersalat auf Tofu- oder Kichererbsenbasis den typischen eiartigen Geschmack. Daneben hat es einen recht hohen Eisengehalt und liefert zahlreiche Mineralstoffe – für Veganer nie verkehrt.

MEHL

Ich benutze eigentlich immer Weizenmehl Type 405, weil es durch seine Klebereigenschaft sehr gut zum Backen geeignet ist. Zudem macht seine Feinheit es auch zum perfekten Helfer beim Andicken von Soßen.

PUMPKIN SPICE

Diese Gewürzmischung enthält in erster Linie Zimt und Kardamom und wird mit Ingwer, Muskatnuss und Piment verfeinert. Sie schmeckt süßlich-scharf und passt perfekt zu jeglichen Kürbisgerichten. Du kannst sie kaufen aber auch problemlos aus den gemahlenen Zutaten selber mischen.

SEITANPULVER

Seitan besteht hauptsächlich aus Weizeneiweiß (Gluten) und ist damit ein sehr guter Eiweißlieferant für Veganer. In seiner Form ist er sehr wandelbar und eignet sich ideal für vegetarische Braten, Schnitzel und Würstchen. Beim Kochen saugt der Teig eine ziemliche Menge an Flüssigkeit auf und nimmt entsprechend an Volumen zu, daher am besten einen größeren Topf verwenden.

SÜSSUNGSMITTEL

Ich bevorzuge zum Süßen das Naturprodukt Ahornsirup. Neben seinen sonstigen guten Eigenschaften mag ich seine karamellartige Note. Es lohnt sich, ein gutes Bioprodukt zu kaufen.

VEGETA

Vegeta ist eine Gewürzmischung, die man häufig in Serbien und Kroatien verwendet. Neben der Hauptzutat Salz sind verschiedene Gemüsesorten und Kräuter enthalten.

XANTHAN

Dieses Nebenprodukt, das bei der Fermentierung von Zuckersorten entsteht, nutze ich immer wieder gerne, allerdings muss man bei der Dosierung ziemlich pedantisch sein und ordentlich abwiegen. Als komplett natürlicher Emulgator eignet es sich sehr gut als pflanzliches Binde- und Geliermittel.

Register

Dank

Ganz besonders danke ich meiner Familie, meiner Freundin, meinen Freunden und Mitarbeitern, die mich so großartig unterstützen! Sie haben es möglich gemacht, dass ich mir die Zeit nehmen konnte, um an diesem Projekt zu arbeiten.

Fabi und Lisa, ohne Euch würde es dieses Buch nicht geben. Ich freu mich, dass Ihr mich auf dem Weg begleitet habt!

Bedanken möchte ich mich beim DuMont Verlag, für die gute Zusammenarbeit und für die Chance einen großen Traum zu verwirklichen.

Der größte Dank gilt aber meiner Mum! Danke für deine Zeit, deinen Rat, deine Geduld mit mir und dass ich deine Küche nutzen durfte. Dort habe ich einiges ausprobiert, eine Menge Dreck gemacht und vor allem viel gelernt.

reine Arbeitszeit in Minuten

Kühl-/Garzeit in Minuten

Erste Auflage 2022

Rezepte: Sladi Petkovic
Texte: Julia Bauer, Marisa Botz
Foodstyling und Fotografien: Hey.u Creative
Lektorat: Franziska Sorgenfrei
Gestaltung: Birgit Haermeyer
Verlagskoordination: Marisa Botz
Druck und Verarbeitung: L.E.G.O. S.p.a., Vicenza

Printed in Italy
ISBN 978-3-8321-6916-9

www.dumont-buchverlag.de

Dieses Buch wurde klimaneutral produziert.

Klimaneutral
Druckprodukt
ClimatePartner.com/17531-2110-1001